不要用別人的腦子思考你的人生

To Be the Master of Yourself

采薇——著

目錄

第一章 別把精力浪費在不重要的決定上

♥大多數人之所以猶豫不決，是因為做事沒有精確的目標。♥

第二章

不是你的圈子就別忙著擠進去

♥不刻意合群，是給別人留空間，也是給自己留餘地。♥

第三章

成年人要懂得界限感

♥每個人都有自己的個性，沒有人有義務時時刻刻遷就你。♥

第四章

年輕的時候不要局限於穩定

♥命運饋贈你安逸生活的同時，也收走了你實現夢想的勇氣。♥

第五章

優秀的人，都是想到就做到

♥一個執行力強的人，他的人生遺憾一定少很多。♥

第六章 懂得自律，才能獲得真正的自由

♥做一個自律的人，你會發現生活將不再束縛你。♥

第七章

見識了生活的凌厲，依然熱淚盈眶

♥如果你覺得累，就離成功不遠了。不要停下來，再加一把勁。♥

第八章

幸福屬於早就懂得人生本質的人

♥如果你一個人都過不好，千萬不要喜歡別人。♥

【序】

不要用別人的腦子思考你的人生

科幻作家劉慈欣在其著作《三體》中寫了一段關於「降維打擊」的故事：外星人使用「二向箔」，將太陽系由三維空間降至二維空間，以此對敵人進行毀滅性打擊。

這幾年，隨著《三體》的熱賣，「降維打擊」也成為一個熱門概念。

我一直在想，降維打擊為什麼厲害呢？其根本原因是人與人之間最大的差距源自認知。認知能力決定了我們的思考能力，思考能力決定了我們的行動能力。如果把大腦看成一個系統，那麼只有將我們的思維能力提升到更高維度的水準，才能帶來智慧、行動等綜合能力方面的躍升。

我有一個叫小敏的朋友，和我一樣，來自農村。讀書期間，她成績不是太好，只考上了五專。父母以她是女生為由，讓她讀完五專就出來打工，不要繼續念書。他們告訴小敏，不管她學什麼，學到什麼程度，最後出來還是要打工。既然都是打工，那不如早點出來賺錢，多積累點打工經驗，以後不至於沒飯吃。

幸好，小敏自己頭腦清醒，沒有接受父母的建議，而是堅持不懈地努力。別人睡懶覺，她在學習；別人在看劇、看小說，她在學習。她憑藉自己的努力，拿到獎學金，兼職賺生活費和學費，並報了五專插大考試，並成功取得大學學歷。畢業後，小敏一邊辛苦工作一邊備考，又考上了研究生。

她說，她堅信普通人從根本上改變命運的方法只有讀書。她的家人不支持她學習，也不支持她提升自己。因為認知的局限，他們只能看到眼前，從來沒有進行過長遠的規劃。也正是因為他們想得不夠長遠，所以也不可能改變自己的命運。

小敏現在是一家上市公司的會計，靠著自己的努力和清醒的人生選擇，在大城市成功立足安家。而對於那些曾和她在同一起跑線上的大專同學，命運彷彿在悄然間給出了答案。她說，雖然自己現在只是一個普通的白領，但是她的眼界更開闊了，掌握了專業技能，從工作中獲得了更高的成就感、價值感和安全感。而這些東西，正是她和老家的父母、曾經的同學拉開差距的主要原因。

現在小敏擁有的這一切，都源於她有獨立思考的能力，沒有盲從家人的意見。

其實，我們從構建自己的心智和認知能力開始，就會接觸各種各樣的價值觀，面對各種各樣的人生選擇，開啟各種各樣的人生之旅。身邊的人，也許會以各種各樣的理由，讓我們去接受那些「為我們好」的建議。但正如我們所經歷的那樣，這個世界上沒有哪一種觀點能完全適配我們當下的人生，每個人都有自己的路要走，每個人都要把人生掌控在自己手裡。

如果有一件事我們不需要動腦，僅僅靠本能驅動就能完成，那可以想見，這件事的價值也不過爾爾。如果讓別人來決定我們的人生，遇事選擇隨波逐流的話，在遭遇痛苦和意外的時候，誰又能來對我們負責呢？

所以，寫下這本書，我希望能用一顆真誠的心來分享我的人生經歷，將我對成長的思考展示給大家，讓大家看到我在成長的道路上是如何慢慢掙脫過去的束縛，努力活得平凡但儘量不甘於平庸的。

非常開心，能用文字與正在翻閱這本書的你交流。願這本書能帶給你一些思考，讓你在迷茫的時候重新找回做自己的勇氣。

第一章

別把精力浪費在不重要的決定上

大多數人之所以猶豫不決，
是因為做事沒有精確的目標。

做擅長的事，你就打敗了九十五%的人

朋友君醬約我出門一敘。剛坐下，君醬就抓住我的手，眼淚撲簌簌地落了下來。我嚇了一跳，忙問原因，原來君醬在公司的第三次考核中又沒有通過，這意味著君醬要失去工作了。

「我該怎麼辦？沒了工作就等於沒了收入，我會餓死的！」君醬悲傷地哭著說，伏在手臂上的腦袋露出了絲絲白髮。我心疼之餘有些驚訝，君醬才二十六歲，這份工作已經把她折磨成這樣了嘛！在之後的時間裡，隨著君醬一邊抽泣一邊傾訴，我大致了解全部事實。

君醬所在的公司是一個國際翻譯機構，承接的是不同國家來往的商務檔的翻譯工作，因此對專業水準要求非常高，一旦有一個單詞翻譯不對，就有可能影響到涉及上億資金的合同的簽訂。君醬負責的部分並非核心條款，但就連合同條款格式，她也總是出錯。很多資質和勤奮程度都不如她的同事都已經順利通過考核，甚至已經小有成績，只有她一直排在最末位。

「我究竟哪裡沒做好？我學義大利語七年了，一直認認真真，怎麼會連那麼簡單的語句都翻譯不好，我是不是太蠢了？」君醬擦掉淚水說，眼神中滿是沮喪。

是啊，這究竟是為什麼？我也疑惑。

君醬從小就屬於「別人家的孩子」那類人，聰明勤奮，好學上進，成績一直拔尖。但自從開始工作之後就好像遭遇了滑鐵盧，且不說業績上不去，還總是犯一些低級錯誤。公司對新員工只做兩次考核，但看在君醬認真積極的分上，破例多給了她一次機會。沒想到她還是沒有通過，第三次考核結果甚至比前兩次還差。君醬反覆思考總結，卻總是找不到原因。

一次次的失敗把優秀而驕傲的君醬打擊得自信全無。我正想著該怎麼幫她，一個細節給出了答案。君醬的手邊出現了兩個用餐廳的紙巾折成的小裙子，一長一短，款式簡約但設計感十足。這一幕我並不陌生，從我認識君醬開始，她的一雙巧手就彷彿帶有魔法，隨便翻騰幾下就能折出一件漂亮的衣物。再看君醬今天的穿著，上半身是迷彩混大紅的寬鬆短袖襯衫，下半身是黑色的哈倫七分褲，腳上是一雙酷酷的黑色馬丁靴，一身打扮把多種矛盾元素融合得美麗又奇妙，不僅時尚感十足，更像是在宣告對平庸著裝的蔑視。看，君醬就是這樣一個即使心情很差，衣品也絕不會差的「酷女孩」。

於是，我試探性地問君醬：「有沒有想過做服裝設計？義大利是時尚之都，你有語言基礎，為什麼不去試著發揮自己的設計天賦？」君醬一驚，她從沒想過要從事服裝設計工作，甚至沒有關注過服裝設計行業，那些小裙子折紙和自己的穿搭都是憑感覺嘗試的。

我心裡馬上有了譜，君醬學習能力很強，一點都不笨，也不是不認真，之所以在翻譯機構屢屢敗給新人，是因為她在做自己不擅長的事，而錯過了自己擅長的事——這一點從她不經意間就達到了別人苦學苦練也不一定能達到的服裝設計效果可以看出。

很多人都說根本不知道自己擅長什麼。但要找到答案其實非常簡單，只有一條標準：你做這件事的時候，是困難得無法下手、一做就錯，還是一上手就會、如魚得水？別說什麼熱愛、高薪，一件困難重重、將你打擊無數次的事情，再多的熱愛都會被消磨乾淨，而且也不會有那麼愚蠢的老闆，一直給做不好事情的你發高薪。

只有擅長，才能在邁出第一步的時候就找到事情的關鍵。

要知道，不擅長這一點的人為了找到這個關鍵，就要花上無數的時間和精力，而且極大可能還是在做無用功。**當你在自己擅長的領域內無拘無束地揮灑才情時，看著那些在做無用功的人，大概也會像我一樣覺得非常惋惜。同樣是「蘿蔔」，找對屬於自己的「坑」，才能獲得比別的「蘿蔔」更充沛的陽光和水分。**

半年後，我再次受到君醬的邀約。這次，她不像半年前那樣沮喪和悲傷，整個人神采飛揚，一雙大眼睛裡寫滿了自信和喜悅。原來她已經被米蘭的服裝設計學院錄取，素未謀面的導師對她的設計初稿讚賞有加。因此，君醬在出國之前特意宴請我，感謝我為她指點迷津。我為自己的建議得到採用而感到喜悅，更打心眼裡為君醬感到高興。

再後來，我看到君醬在朋友圈裡發了這樣一句話：做擅長的事，你就打敗了九十五%的人。

確實，當你還在為做不好一件事而苦惱時，請不妨停下來想一想：自己所做的事情是自己最擅長的嗎？如果不是，請立即停止。因為無效的行動和毫無熱情的機械性重複只會浪費你所有的熱情和才華。

別把精力浪費在不重要的決定上

哈佛大學曾有一個研究，指出了九個令人變窮的原因，其中，第一個原因就是「猶豫不決」。

我見過這樣一些人。點餐時，提前一小時打開外賣軟體：川菜太辣、徽菜沒味、粵菜太甜、韓餐麻煩、西餐太貴，點速食又覺得對不起自己的身體……等別人都吃完了，他還在為吃什麼而糾結。天氣預報說第二天要下雨，但溫度還是在三十攝氏度左右徘徊，她猶豫：穿不穿短裙？是穿運動鞋還是厚底涼鞋？帶哪把傘出門？坐地鐵還是搭計程車？……一晚上過去了，什麼也沒想好，第二天隨便抓起一件衣服就急忙出門。好不容易盼到連續假期，卻為去哪兒玩犯愁：城市周邊遊周末可以去，太遠的地方人肯定多，近一點的地方沒意思，網紅景點是小孩兒才去的地方，小眾城鎮不安全……想來想去，過完了連續假期。

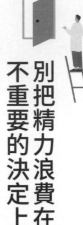

最終，猶豫該吃什麼飯的人耽誤了工作，被老闆一頓罵；遇到雨天，走到地鐵口又選擇搭計程車的人，因為遲到沒拿到那個月的全勤獎金；不知道連續假期去哪兒玩的人，只能天天宅在家裡。

在小事上猶豫不決讓人「貧窮」，虧的是人生。因為把精力浪費在不重要的決定上，就沒有時間做正事了。

心理學上有一種病症，叫做「選擇恐懼症」，指一種不知道如何選擇時，只要內心偏向某個選項，就會不停地自我否定的心理狀態。「選擇恐懼症」的本質是一種心理厭倦情緒。通常情況下，每一次在小事情上猶豫不決，都會讓人產生生氣、羞怯、嫉妒、嫌惡、焦慮等情緒，使人無法看清自己的真實意願，更無法按照真實意願行動。

美國有一項調查顯示，人在一天中要面對七十個選擇。大到更換工作或者家庭住址，小到衣食住行，每時每刻我們都在面臨選擇。如果對每一個選擇都要花費精力去糾結和猶豫，在短短的二十四小時之內，除了一堆厭倦情緒，我們還能收穫什麼？

那麼如何才能從不重要的決定中解脫出來呢？

分清主次，聚焦關鍵……

日常事務可以分為幾個等級：第一，緊急而重要的；第二，緊急但不重要的；第三，重要但不緊急的；第四，既不重要也不緊急的。

把一天當中面臨的所有選擇，按照以上四個等級對號入座。再按照不同的級別分配相應的時間：緊急而重要的事務可以花四個小時以上；緊急但不重要的事務應當在二個小時之內完成；重要但不緊急的事務可能需要八個小時以上。這樣一來，除去八個小時的睡眠時間，那些既不重要也不緊急的事務我們就只剩二個小時去完成。

結果是什麼呢？時間都被花在「刀刃上」，人就會被迫迅速決定吃什麼、喝什麼，然後把大部分精力投入關鍵目標，從而為目標的達成贏得最大的可能性。

精準定位，不要為了擴大朋友圈而結交朋友……

大多數人之所以猶豫不決，是因為做事沒有精確的目標。

優秀的人無論做什麼事都有自己的準確定位，比如做產品推廣就要去尋找潛在客戶，目的在於了解對方的需求；做編劇為了賣掉劇本，就要去尋找投資人，目的在於了解市場的定位和需求；做新媒體就要熟悉受眾需求，不能只做自己喜歡的、擅長的，而要輸出人們喜聞樂見的內容。

純粹為了所謂擴大朋友圈而刻意結交朋友、與他人閒聊，只是在浪費時間做毫無意義的事。所以，大多數人無法做出選擇，原因在於腦海裡沒有想法，因為沒有目標才會猶豫不決，從而讓時間和精力白白浪費在無效的選擇上。

自我批評，定期反思

在踐行按事務等級分配時間的過程中，人會因為慣性思維而違反自己定下的規矩。不要緊，治癒「選擇恐懼症」本來就不是一、兩天便能達成的目標。

使用「下次再……，絕不能……」的句式為自己記個賬，把那些浪費你精力的小事簡單下來。比如，今天上網和網友爭論明星的八卦，花費了一小時；為了能節省十塊錢郵費，和代購砍價半小時……在做完這些事情之後，加一句總結：下次再看到明星八卦，絕不能在網上留言；下次再買東西，絕不能為了十塊錢而浪費半小時。

就像是學生時代整理錯題本、記錄、分析和回憶，久而久之就能夠培養出定期反思的思維模式。這樣不僅有利於讓自己知道從前做錯了什麼，還能在下一次遇到相同事件時起到預警作用。

記住，別再把精力浪費在不重要的決定上，認真安排你的人生，你還有大把的美好時光要去感受。

沒有方向的努力會拖垮你

瑞姐是我的前同事，做了五年的行政工作，腿長個兒高，五官立體，本該是舉手投足都顯出優雅的絕佳外形，但在她身上感受不到一點令人賞心悅目的氣息，厚厚的粉底下面是遮不住的疲憊，二十七、八歲的人活得像快五十歲的人一樣。

瑞姐變成這樣是必然的。

我入職之後很久都沒見到她，聽說她去給老闆看房了，寒冬臘月，頂著刀子似的北風在外面跑，一跑就是幾個月。每天二十四小時待命，老闆有事隨叫隨到，別說是基本的八小時睡眠，就連每晚踏實地睡上五個小時都難以保證。

不僅如此，瑞姐的飲食也毫無規律。上班時間是早上十點到晚上七點，瑞姐快十點時才吃早飯，然而十二點就到午飯時間，所以她總是吃不下，任由自己的胃被消化不掉的早餐撐得脹氣。等到她感覺餓時，已經是下午三點了。可即便到這個點，瑞姐的胃口也很一般，必須是酸辣或麻辣這種能極大刺激味覺的口味，才能吃得香。這一頓飯吃完，下一頓又得到晚上九點以後。

幾個月前，公司推廣一個大項目，瑞姐忙前忙後，累到吃不下任何東西，要靠喝葡萄糖水才能維持精神。到專案結束後，瑞姐也病倒了，就醫結果是免疫力極低，健康狀況極差，醫生給她開了一堆叫不上名字的保健品。但是，瑞姐一吃這些保健品，臉上就瘋狂長痘痘。無奈之下，醫生只得強令她每天運動半小時，因為出一出汗，把毒素排一排，營養才能補得進身體裡。

瑞姐一臉哀愁，哪有時間運動，睡眠時間都不夠。

可是最後，除了老闆在大會上不痛不癢的幾句誇獎之外，「拼命三郎」瑞姐沒有得到任何好處。瑞姐不服氣，找老闆面談，老闆一句話就把瑞姐問倒了，道：「你的本職工作是什麼？」

瑞姐啞然。

在公司五年，瑞姐幹的都是前臺的工作，複印文件、沏茶、買花、訂餐。那麼多年過去了，瑞姐除了把跟本職工作毫不相干的雜事做得純熟，其他什麼本事也沒學到。

「你的職業方向是什麼？」老闆又問。

瑞姐徹底迷茫了。剛進公司時，為了給老闆和同事留下好印象，她把很多自己職責範圍之外的工作都攬了過去，久而久之，那些原本不是她分內的事，都成了她的日常工作。以至於到後來，她疲於應付不說，還常常因為事情太多，考慮不周而出錯。歲月匆匆，轉眼五年過去，同期進公司的同事要嘛成了部門經理，要嘛轉崗去了業務部門，只有瑞姐一直在原地踏步。

最終，老闆委婉地勸退了瑞姐，看在她是公司最忙最累的員工分上，多補償了她一個月薪水，臨別送給瑞姐一句話：「好好找找自己的方向吧，再蹉跎下去就來不及了。」

這下，瑞姐的意志和身體一樣，也垮了。明明那麼努力，甚至連身體健康都付出去了，為什麼到頭來卻是竹籃打水一場空？

這個問題我也問過自己，相信你也是。

誰的青春不迷茫？我們都是摸著石頭過河，一步步走到現在。但迷茫並不可怕，可怕的是一直迷茫，甚至迷失了方向。這種感覺就像是在早高峰時搭地鐵，人擠人、人推人，如果沒有明確的目的地，到最後，所有人都離開地鐵站走向各自的終點時，就只剩你一個人駐足原地，惶惶不安了。

更可怕的是，毫無目的的前行會在不知不覺間消磨一個人，不只是身體健康，還有信念和意志。

這猶如一個怪圈，你順著圓圈一直跑，從起步那一刻開始就衝著原點狂奔，你跑得越快，離原點就越近，那種忙碌的疲憊會帶給你一種虛假的充實感。你以為自己在努力、進步，但事實是什麼樣的呢？等你終於筋疲力盡，期盼得到自己辛勤勞作後豐收的果實時，卻發現自己跑了一大圈還停留在原點。你追趕的只不過是以前的自己而已，而能力卻沒有得到訓練和提升。你在跑這一大圈中耗掉的時間和精力，就像丟進水裡的錢，什麼回報也不會有。

選擇比努力重要，清醒的認知和判斷是實現目標的基礎。如果你也是以長期透支健康來支撐工作的人，我建議你馬上停下來，重新審視自己：你在做什麼？你想要什麼？那些吃掉的外賣和熬過的夜並沒有讓你的身體生長出不可替代的能力！

搞清楚這些問題的答案刻不容緩，因為身體健康或許還可以通過藥物或鍛鍊重新找回來，但如果有一天，沒有方向的努力讓你的意志也垮了下來，就真的來不及了。

無畏付出，但不無謂付出

前一陣子，我回母校一趟，看到這樣一件趣事：一位四十多歲的大叔在教學樓前擺了一個小攤，攤上沒有別的，只有幾頁紙，上面的字我記不太清了，但「永動機」三個字讓我印象深刻。

教學樓前人來人往，沒有人對這個小攤感興趣，我成了唯一的觀眾。大叔以為我感興趣，於是滔滔不絕地給我講他的「重大發現」。他說自己潛心研究了十幾年，證明了永動機是可以實現的，這個發現必將載入史冊，可以解決人類的能源危機……

即便是文科生出身，我也知道永動機是不可能存在的。難怪來來往往這麼多學生沒有一個人停下來與大叔交談，因為那只是浪費時間。任何認真學過高中物理的人都清楚，大叔的「重大發現」是一個錯誤。

但對於大叔這樣的人，我從心底感到欽佩。能為了一個目標努力付出這麼多年，這期間他受了多少苦，付出了多少心血，我無法想像，但我很清楚，他的付出沒有意義，他永遠得不到他想要的結果。借這個故事，我想探討一個話題——我們到底該如何付出？如何才能不白白付出？

希臘神話裡有這樣一個故事：薛西弗斯觸犯了眾神，諸神為了懲罰薛西弗斯，便要求他把一塊巨石推上山頂，而由於那塊巨石太重了，每次剛接近山頂就會滾下山去，於是，薛西弗斯就只能不斷重複、永無止境地做這件事，他的生命就在這樣一個既無效又無望的行動中慢慢被消耗殆盡。

薛西弗斯的目標是山頂，但可悲的是那塊巨石永遠不能被推到終點，無論他多麼努力，多麼勇敢，多麼堅持，那塊巨石一定會滾落到山底。

作為讀者，我們當然可以說「既然他推不動，就不要推了」這樣的話，但這麼說的前提是我們提前知道了結果，站在上帝的視角評論這件事。事實上，每個人都會面臨薛西弗斯的困境，只不過那塊巨石變成了別的東西，譬如錯誤的目標。在這種情況下，我們的努力和付出可能只是在推一塊永遠到不了山頂的巨石。

我曾有一個同事是公司的勞模。他天天加班加到很晚，甚至凌晨一、兩點還在收發郵件。而他又是每天早上第一批到公司的人，就連周末也時常到公司加班。他的孩子上小學二年級，但他從來沒有參加過學校的親子活動。在他的世界裡，工作是最重要的，家庭得靠邊站。

老闆在大小會議上極力稱讚他，號召全體員工向他學習，可就是不給他升職加薪。時間一長，我就琢磨出其中的滋味了。這位同事的確是一頭「老黃牛」，他同時負責好幾個專案，凡事親力親為，跟著他做專案，大到項目創意，小到文案中的每一句話，他都計較，所以他每天加班，但手裡的工作總是做不完，他做的專案也沒有一個成為精品。

老闆稱讚他，只是想營造加班的氛圍，讓更多人拼命幹活，給自己創造更多的財富。而那位同事，他將大量時間和精力花費在無用的事務上，既沒有真正提高自己的核心競爭力，也沒有為公司創造更多的價值，老闆當然不可能給他安排更重要的工作，但他卻陷在「老闆很賞識我」的幻覺中，一遍又一遍地推著那塊永遠到不了山頂的巨石。

努力工作、努力付出當然很重要，怎麼強調都不為過。**很多人都在努力付出，但是這些付出大多都變成了虛耗和自我感動。唯有把握好方向、找準機會的付出才是真正有價值的。**

《大學》中說，知止而後有定，定而後能靜，靜而後能安，安而後能慮，慮而後能得。大致意思是，要了解自己的長處和短處才能確定目標，確定目標後才能心地寧靜，心地寧靜才能安穩不亂，安穩不亂才能思慮周詳，思慮周詳才能去實施，然後才能實現目標。

要習慣深度思考，永遠不要用戰術上的勤奮掩蓋戰略上的懶惰。當你在學習、職場、自我認知方面掌握了深度思考的能力之後，就可以遊刃有餘地掌控自己的工作和生活。在當今社會，互聯網上充斥著各種各樣的資訊，利用好這些條件，多多學習、借鑑別人的思路，對人生路徑有更認真、清晰的思索，做好人生的規劃，大膽地無畏付出，但不要無謂付出，這樣你的努力才不會成為鏡花水月，明天的你才會感謝今天的付出。

人生沒有太多試錯的機會

朋友的遠房表弟不知道第幾次找他借錢，這次的理由和之前一樣，還是發現了某個商機，想要創業，現在已經湊了大部分資金，只要表哥幫忙湊上一些，項目就可以立刻啟動。朋友問表弟要借多少，他表弟回答：「有多少就借多少。」

朋友哭笑不得，他這位表弟從大學畢業起，創過的「業」有在路邊擺攤賣特色小吃、開影樓、做遠端網頁設計、辦民謠樂隊、開酒吧……涉足十幾個行業，如今已為人父，但負債幾十萬，一事無成，人卻還像初涉社會的大學生，整天不是在尋找商機，就是在尋找商機的路上。鑑於此，已經借出好幾萬卻沒有收到一分投資紅利的朋友這一次捂緊了錢包。

朋友表弟創業失敗的原因五花八門：業務不精、怕苦怕累、人心不齊、市場飽和……可無論是什麼樣的原因，十幾年光陰轉瞬即逝，他都到了上有老下有小的尷尬年紀。每天一醒來就有開銷，目光所及都是需要依賴自己的家人。他忙碌多年，在各個行業嘗試，到頭來在各個行業都是新手，想找個地方打工，卻發現競爭對手全是「零零後」。看到年輕人朝氣蓬勃、精神飽滿的樣子，力不從心之感不由自主地湧上心頭，怎麼都甩不掉。

放眼望去，大部分和朋友表弟一樣在二十多歲步入社會的青年人，花幾年甚至更少的時間就能完成人生試錯，然後在年及三十歲時自立於世，承擔起對自己、對家庭的責任。這是因為大部分理性的成年人都明白，人生並沒有太多試錯的機會。

二十~三十歲被稱為人生的黃金年齡段，這是由於人一般會在這個年齡段從一個懵懂無知的少年成長為一個學識、資歷、人脈都積累到一定程度的青年，加之精力充沛、衝勁無限的「硬體」條件，使得社會對這個年齡段的人接受度和喜愛度都達到了最高。因此，在這十年間出現的幾次關鍵機遇是能夠影響一個人的一生的。

對於那些大器晚成的人，年過三十歲之後，人脈資源漸豐，各種機遇增加，如果可以整理好各種資源和機遇，與人為善，雖不說八面玲瓏，至少也能做到遊刃有餘。我們都希望過上自己想要的人生，成為自己想成為的人。但人非聖賢，孰能無過？**你可以趁**

著年輕允許自己犯錯，不過，不要一直犯錯，畢竟時間那麼短暫，機遇那麼稀缺，你能允許自己錯幾回呢？時光匆匆，不敢試錯太多的人，已經開始逼著自己「試對」了。

「試對」不是轉發「錦鯉」[1]或者撞大運，一次走對人生之路。而是無論基於什麼原因，在選擇了一個方向之後，努力真正去了解、熱愛，真正去認真做好每一件小事，用自己的努力把「試錯」轉變為「試對」。你會發現，這次「試對」可能就是你人生中最美好的一次機遇。

別再相信「生活永遠在別處」這種話了，生活在你自己手裡，別讓多年後的你討厭現在的自己。

1 錦鯉，網路流行語，通常指好運。

你不是選擇太多，而是缺乏選擇的底氣

前一段時間偶然見到高中同學某君，他大學畢業六、七年了，居然還處於待業狀態，並且認為只要自己願意，就能擁有很多選擇。

大四下學期，他選擇了考研，結果沒進複試，一直在調劑；後來他想出國讀研，手續辦到就差簽證環節，結果放棄了；閒下來一陣子之後，他又說要去部隊當兵，過幾年可以提拔為幹部。

其實，即使所有的計畫都泡湯，他也可以一邊打工一邊準備再考研。但結果是，他沒有選擇上述任何一種生活，只是在一個離家近的小城市待著。在那裡，他沒有正式工作，也沒有全身心複習備考。第二年又沒考上研究生，工作也依然沒有起色。

就這樣過了多年，直到我見到他，他還是存在僥倖心理，認為自己擁有多種選擇，而且覺得只要他願意，選了就等於選上。

這是一個資訊爆炸的時代，大到人生方向，小到一飲一食。對於每一件事，我們都可以通過網路獲得無數的資訊，這些資訊好壞難辨、真假難分，逼著人只要一睜開眼，就要思考到底該做什麼樣的選擇。

穿衣，價格從網購的幾百塊到實體店的幾萬塊，只有你想不到，沒有別人做不出來的款式；飲食，打開外賣軟體就能點到各地的特色菜，酸甜苦辣，風味十足；住宿，商家就像你肚子裡的蛔蟲，你喜歡的裝修風格他們那兒都有；出行，只要你願意，從家門口到目的地，也就是一抬腿的距離。

選擇多嗎？多。種類齊全、琳琅滿目，商家的制勝祕訣就是快你一步，想到你所有的需求，所以，當你面臨無數選擇時，常常會無所適從。

一個有名的銷售大師曾做過一個這樣的實驗：在兩種新品餅乾投入市場之前，第一種餅乾以常見的水果和蔬菜為參照，做出三十個不同口味；第二種餅乾只做出原味、鹹味和甜味三個基礎口味。將兩種餅乾投入市場之後發現，第二種餅乾銷售量極高，顧客比較青睞基礎口味的餅乾，而費盡心思做出三十種口味的餅乾，卻少有人問津。

作為消費者，我們並不難理解出現這種現象的原因。面對只有三種口味的餅乾，你很輕易就能做出選擇，知道自己想吃哪一種，清晰明了、乾脆俐落。然而，當我們面對三十種口味的餅乾時，就會不由自主地開始對比，比口味、比熱量、比價錢，甚至比包裝，比來比去可能購物欲都沒了，畢竟我們不會一次買齊三十種口味的餅乾全都嘗一遍。

選擇餅乾尚且如此，人生選擇更不用說了。

三十袋餅乾讓你付出的代價可能只是幾百塊錢和多長幾兩肉，可是人生呢？面對人生的關鍵節點，你很可能連一個選擇都做不了，只能任由命運安排。

比如，學測成績出來之後，發現自己的分數並沒有達到理想的水準，你嚮往過台大、成大，為清華、政大奮鬥過，對師大、中山有過規劃，但結果呢？以自己的分數為基準，權衡一下能被錄取的大學，家長、老師輪番對你提意見：選專業既要考慮學費，又要考慮就業前景；選學校既要顧及實力，又不能不在乎名氣。選來選去，最後只剩一到兩個選項，你的個人愛好、理想直接被踢出考慮範圍。

大學即將畢業時，面對成百上千的企業招聘，你想要不錯的待遇，想有發展前景，公司最好離家近一些，如果能和同學一起進就更好了。頂著烈日篩選了好幾輪，你發現滿足自己條件的企業你進不了，能進的企業你不滿意。

到了談婚論嫁的年紀，身邊的同學、朋友紛紛走進婚姻的殿堂。這時候你才發現，自己傾慕的那種劍眉星目、風采翩翩的少年早已成了別人的丈夫，而介紹人鼓勵你去認識的通常是自己很不滿意的人。

選擇多嗎？不但不多，甚至大多數時候，你都沒的選。因為沒有選擇的底氣，你只有被選擇的餘地。

誰都想上名校，但在這種願望背後，付出艱辛努力並實現目標的人鳳毛麟角；誰都想要好工作，但在大學四年刻苦、自律，對自己的未來進行科學規劃的人只是寥寥少數；誰都想擁有一個才貌雙全的另一半，但能時刻反思自我，由內而外修煉自身的人屈指可數。那些不為人知的艱苦付出為他們積累了在眾多選擇面前自由選擇的底氣，他們可以不必猶豫和糾結就衝著最好的去，他們選得起，因為他們有底氣。

希望此刻正在閱讀本書的你，也能擁有這樣的底氣。

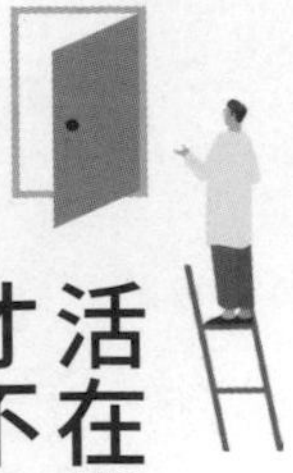

活在當下，才不會迷失方向

有一名男學生，他總是看不到未來的希望，也不知道從哪裡開始努力。在他的生活中，充滿了焦慮、茫然和不知所措，永遠在擔心自己通不過考試，擔心自己未來無事可做。只要一睜開眼睛，他感受到的都是對生活的絕望。可事實是，他的考試並沒有不及格，之後的際遇也不像他擔憂的那樣毫無希望。

一八七一年春天，這位學生讀了一本書，書中的一句話宛如給了他當頭一棒：**最重要的就是不要去看遠方模糊的風景，而是做好手邊清晰明白的事情**。

這句話讓他茅塞頓開，找到了生活的希望，抓住了一點做事的心得。在此之前，他一直沒有發覺，很多時候，他都是在過分擔憂未來的困難，而不是做好當下的事情。

其實，很多事不是你看到了希望才去做，而是去做了才會有希望，只要活在當下，生活就是一件非常值得期待的事。從那以後，他不再為未來感到擔憂，而是抓住眼前的一切，做好手邊的事情，從而使自己的命運發生了翻天覆地的改變。再後來，他創建了全世界知名的約翰·霍普金斯大學，成為牛津大學醫學院的教授。

他就是威廉·奧斯勒爵士，二十世紀醫學領域的大師，也是現代醫學教育的鼻祖。

幾十年後，威廉·奧斯勒在耶魯大學舉辦了一場演講。在演講中，他說：「別人總說我一定有一個異於常人的腦袋，不是的。熟悉我的好朋友都知道，我的腦袋再普通不過了。那麼我成功的祕訣是什麼呢？如果人生是一次遠航，那每一個人的生活都要比一條輪船複雜得多，而且要走的航程也遙遠得多。如何讓自己的航程安全？答案就是學會控制自己，生活在一個完全獨立的今天裡。」

「想像一下，你就站在一個駕駛艙裡，你的手正握著一隻船舵，這只船舵將控制你人生的航向。駕駛艙代表你的今天，周圍還有許多船艙，代表過去和未來。你想好好開船，但是注意力總是被其他的船艙吸引，你的前方有迷霧、有礁石，還有漩渦，稍不留意就可能偏離航向，甚至撞毀船隻，這時該怎麼辦？假如可以通過按鈕控制這些船艙，你按下一個按鈕，一道鐵門落下，把左側的船艙隔斷——隔斷那些已經逝去的昨天；按下另一個按鈕，又一道鐵門落下，把右側的船艙隔斷——隔斷那些尚未來臨的明天。」

「現在，你完完整整地擁有了駕駛艙，擁有了今天，不必再悔恨昨天的遺憾，不要再擔心明天的壓力，這樣你才能專注於開好今天的船。」

這就是威廉・奧斯勒提出的「一個人獨立的今天」的概念，它在提醒你專注於今天，活在當下。

我有一個從小一起長大的小夥伴，我們上了大學之後就失去聯繫了。直到某年回老家過年，我們才又重新聯繫上。多年不見，L的眼角出現了一些皺紋，身材也開始發福，不再是當年那個美麗的少女了。

我們畢竟一起長大，很快就沒有了隔閡。說起這些年感情的挫折，屢屢遇到渣男，草率結婚又倉促離婚，如今家裡一地雞毛[1]，工作也不順利。苦笑著說，她特別想找電影裡的那種催眠師，讓她忘記過去，重新開始生活。我建議她到大城市闖一闖，這樣她就可以斬斷與過去的自己的聯繫，開始新生活。但是，她覺得自己無法適應大城市的快節奏，想想就覺得很累。我又建議她考考證或者再提升一下學歷。她又說自己年紀大了，學不動了。幾番來回，我終於明白，她把自己卡在了兩塊巨石中間，一塊叫「過去」，一塊叫「將來」，她已深陷其中，動彈不得。

出於趨利避害的本能，我們對快樂的記憶總是轉瞬便遺忘，而對傷痛的記憶卻總是深刻持久。這樣，我們才能遠離那些傷害我們的事情，但如果那些傷痛和恐懼太強，就會成為很難撫平的傷痕。

如果可以克服這些苦難，在各種傷痛中成長，變得更加堅強，我們的人生旅途也就會變得更有意義。

過去終究過去了，我們再痛苦也無法改寫歷史。而未來還沒有到來，我們再擔憂也無法讓未來事事如意。所以，何必對無法改變的事情耿耿於懷？不如放下對過去和未來的焦慮，養成輕裝上陣的習慣，生活在完全獨立的今天裡，集中所有的智慧、熱忱，把今天過得盡善盡美。我相信，這樣的你很快就能擺脫痛苦的過去，而且也不會得到一個太差的未來。

1 指把事情搞得一塌糊塗，滿地亂七八糟。

第二章

不是你的圈子
就別忙著擠進去

不刻意合群，
是給別人留空間，
也是給自己留餘地。

不是你的圈子就別忙著擠進去

我們的生活被不同的人分割成不同的圈子，你有你的圈子，我也有我的圈子。圈子和圈子之間存在著看不見的邊界和規則，如果與圈子裡的人不具有共同點，就無法理解這種邊界和規則，更遑論加入圈子了。

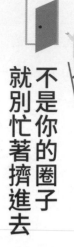

小雅是公司新來的人事助理，報到第一天，經理就叮囑她，人事工作是一門技術活，做好工作的前提是處理好人際關係。小雅牢牢記住經理的話，一門心思地想著和同事搞好關係。但凡遇到同事一起聊天，無論什麼話題她都要參與進去聊兩句。一開始大家都很願意和她聊天，但一段時間之後，同事們都開始不耐煩，和她的聊天也慢慢變成了敷衍。

某天午飯時間，公司的幾個業務員聚在茶水間聊起當下一款熱門的對戰類競技網遊，什麼走位、操作、戰術、C位等詞一個個蹦入小雅的耳朵裡，小雅似乎在網上看過，卻完全不懂這些詞的意思。但看到同事們談笑風生，小雅又湊了上去，硬生生地打斷同事的話，開始和大家聊。

她先是表達了她對遊戲的喜歡，雖然同事問她在遊戲裡喜歡玩哪個位置的時候她有些結巴，但總算是應付了過去。但當同事開始吐槽遊戲中遇到不靠譜的隊友有多氣憤時，小雅卻說，因為她是女生，打遊戲的時候隊友都會讓著她，不但好東西都會讓給她，有危險還會擋在自己前面。

此言一出，就像炸開了一個冰窖，氣氛立刻降到冰點，沒有人再接話，幾位同事的臉上滿是詫異。小雅不知道自己說錯了什麼，被這種氣氛嚇住。良久，小雅堆上滿臉笑容，正準備開口，卻發現同事們紛紛默契地起身，離開了茶水間。

小雅追出去，拉住走在最後的女同事詢問原因，女同事有些無奈地告訴她，玩遊戲的都想贏，隊友和她不存在競爭關係，根本不會讓著她。而且在這種競技網遊裡，資源都集中在輸出最高的玩家身上，就是為了最後帶領隊伍走向勝利。沒有人會以「自己是個女生」為由要求特殊照顧，畢竟，女生玩遊戲也想贏。小雅剛才的話漏洞百出不說，還犯了玩遊戲的大忌諱——自己不負責任，也降低了隊友的遊戲體驗。

小雅覺得自己很無辜，這些她都不懂啊。女同事歎了口氣，留下一句話：**不懂的話**

可以不說，不是你的圈子就不要硬往裡擠，免得被別人看輕，讓自己難堪，想想都覺得尷尬。

小雅的故事只不過是生活百態的一個縮影，在我們身邊，甚至在我們自己身上，都多多少少發生過一些強行加入別人圈子的尷尬事件，有時候連自己也意識不到。

物以類聚，人以群分，古人早在幾千年前就總結出了人際交往的基本原則。人的一生會認識很多人，經歷很多事，面對陌生的圈子，有好奇心在所難免，這種好奇心會促使我們想進入別人的圈子一探究竟。可是當我們接近時，就會發現自己無論如何都擠不進那個圈子，那些我們認為有效的方法在別人眼裡可能都變成了笑話。在這樣的拉扯中，我們能收穫的，除了更多的疑問和不愉快，什麼也沒有。

所以，何必呢？

其實我們什麼都沒有做錯，和圈子裡的單獨個體相處也沒有任何問題。但圈子有它自己的邊界和規則，一味好奇，使蠻力想要突破這種邊界和規則，註定不會得到好結果。

朋友說起一個小企業老闆，他一直想要加入一個企業家聯盟，但加入這個聯盟的門檻非常高，裡面的成員幾乎都是「世界五百強」企業的總裁。小老闆很聰明，人脈也很廣，多番活動之後終於找到一個合適的時機，宴請聯盟裡的主要人物，希望與他們拉近關係，以便自己加入聯盟。

宴席上，小老闆為了表現自己的誠意，包下了五星級酒店裡所有的魚子醬和鵝肝醬，足足有二十斤之多。用大碗公盛著，放到長桌的最前端，還在一旁立了個牌子——任君享用。結果，小老闆的賓客一到，看到兩個大碗公，瞬間沒了食慾，對小老闆也敬而遠之了。

雖然其行為可笑，但小老闆並沒有錯，只要他負擔得起，買多少魚子醬和鵝肝醬是他的自由。但在商務宴席中，魚子醬和鵝肝醬作為佐料，只需要一勺的量，就能讓食物變得美味。小老闆削尖了腦袋往那些總裁的圈子裡擠，結果只收穫了一個「暴發戶」的諷刺稱號。

交淺言深，話多是非多

同事聚會，一個剛畢業的女孩在飯桌上特別活躍，叫這個哥喊那個姐，一副自來熟的樣子。酒過三巡，眾人的話題也漸漸放開來，從八卦娛樂到行業趣聞，再到公司裡的趣事。女孩打聽主管的一些事情，不涉及私密的，眾人倒是沒有保留，也算是給她提供一些基本資訊，方便她以後開展工作。

可能是見我好說話，女孩借著敬酒的機會，打聽起公司的薪酬來。我覺得這個話題過於私密，已經超出了我和她能夠談論的話題範圍，於是拒絕了她。沒想到她嘟起了嘴，覺得我太過小氣。

其實不是我小氣，只是我和她剛認識，我不了解她的為人以及她問這個問題的目的，不可能輕易將我的隱私透露給她，萬一我的話被傳到老闆耳朵裡，該怪誰呢？

大部分公司都實行薪資保密制，員工之間一旦互相透露薪水，就意味著混亂的開始，每個人都會不服氣，覺得自己幹得多拿得少。如果老闆知道是你透露了公司的祕密，以後會怎麼看你呢？

人與人相處切忌交淺言深，千萬別給自己招惹是非。

小C被一個有婦之夫欺騙，甚至為這個渣男墮胎，身體很虛弱。公司的一個大姐看小C臉色蒼白，就給她帶了幾次飯。小C心存感激，把大姐當成了知己，把自己所有的事情都跟大姐說了。可沒想到幾天之後，小C的事情在公司裡傳遍了，小C也成了眾人眼中的「小三」。小C找到大姐質問了一番，大姐卻說自己只是隨便聊聊，也囑咐過別人不要說出去，要怪就怪那個人多嘴。

小C以為自己遇到了知心的朋友，將祕密都傾訴給對方，最終的結果卻是祕密被宣之於眾，不得不承受惡意的目光。

孔子說過：「不得其人而言，謂之失言。」意思是倘若對方不是交情很深、彼此相知的人，你還對他暢所欲言，以快一時，這就是失言。而失言的後果，從小C的境遇可見一斑。

貿然將自己的隱私告訴與自己關係不熟的人，一方面會給自己帶來麻煩，甚至危險；另一方面也可能會讓陌生的對方感到尷尬和難以接受。

有這樣一則笑話，某男子看到公司新來的女同事長得很漂亮，於是總去套近乎，把自己的底透得差不多了。有一天，看到老闆進來，他就悄悄對女同事說：「看我們老闆，又胖又禿，還那麼摳門，誰肯嫁給他啊！」沒想到，女同事說：「我，他是我老公。」這位男職員的下場可想而知。

成年人的關係錯綜複雜，很多時候，一句無心的話都有可能刺激到別人，如果不是對對方知根知底，那麼還是謹言慎行一些為好。人生處處有「地雷」，如果你沒有被炸傷，只是因為你還沒有踩到，而不是因為你擁有「避雷」體質。

人越長大就越難交到朋友，成年人出於自我保護的本能，會披上一層堅硬的麟甲，如果你想和別人交心，就得脫下這層麟甲，不過，這樣一來你就變得不設防了，外界就能輕易地傷害到你。這就是為什麼我們在社會上認識了那麼多人，卻只能和一小部分人親密無間。

都說小孩子敏感，但成年人更敏感。一個不太熟的異性同事婚姻出了問題，你去問候：「你們之間怎麼了？夫妻之間要多包容。」這種話恐怕沒人喜歡聽，你可能會莫名其妙地從此變成這位同事眼中的「討厭鬼」。更倒楣的是，如果別人以為你對這個同事有意思，甚至想乘虛而入的話，那你才是跳進黃河也洗不清了。

其實，我們都受過交淺言深的苦，每到過年親戚大聚會，七大姑八大姨甚至八竿子打不著的人都會來問你：「什麼時候結婚？」「什麼時候生小孩？」「一個月賺多少錢？」「在哪裡買房子？」每次我們都被這類話折騰得苦不堪言。明明和他們沒多少交情，他們卻偏偏看似很熟地來打聽我們的隱私。

親戚的話最多是讓你不堪其擾，但職場中的交淺言深就沒那麼簡單了。如果一個不是很熟的人忽然在你面前談論是非，那麼就需要警惕這個人：他為什麼要告訴你這些？他有什麼目的嗎？

人與人之間的相處，就像兩隻刺蝟，需要不斷調整各自的位置，才能既不傷害對方，又能相互取暖。

遠離是非很簡單，只要做到這兩條：在與人交情尚淺時，三緘其口；在別人對你交淺言深時，保持距離。

太過高調的人，人緣都不怎麼好

網路上有一個問題：什麼樣的朋友圈最令人討厭？我流覽了幾個獲讚量很高的回答，發現大家都表達了同一個中心思想——高調炫耀的人。無論是財富、愛情，還是寵物、學校、風景，一天發一、兩次是分享，一天發很多次可能就是在高調炫耀了。

我的朋友圈裡也有一個這樣的人，就叫她琳達吧。認識她是因為時常在她的微店裡買一些小玩意兒，為了下單更方便就在微信群裡找到她，加了微信。我很長一段時間都沒有注意過她的朋友圈，但後來我不得不對她的朋友圈「重視」起來。

那是在中秋節前後，她開始以每天最少發八條朋友圈動態的頻率「分享」她和未婚夫的歐洲之行，每到一處新地點，她的朋友圈動態都會配上機票、風景、酒店、食物和自拍照片。自拍發得最多，一條九宮格圖片的動態往往是不夠的，得連續發兩、三次才行。從她無論身上穿什麼都喜歡在頭上加一塊白紗可以看出，她的婚期將近了。

起初，我抱著祝福的心情每天流覽被她刷屏[1]的朋友圈，感受她激動的待嫁心情。等了二十多天，終於等到了她的婚禮。本以為一場盛典之後，我的朋友圈會歸於平靜，但事實證明我還是太天真了。

拍婚紗照，琳達以每天最少十條的頻率發了一周，不僅有九宮格照片，還有不同配樂的小視頻；婚禮前與朋友見面，琳達以每天最少五條的頻率發了三天；婚禮場地小視頻，她發了一天，每次四、五條；終於到了婚禮當日，她又連著發了一周，還是風景、食物、場地和自拍照片的搭配。除了照片和小視頻，她還專門剪輯了不同版本的婚禮MV，發到了公共視頻播放平臺，當然，也將視頻連結發到了朋友圈。西式婚禮的流程走完，再回國舉行中式婚禮，她又把以上發朋友圈動態的程式重複了一遍。

以上過程整整持續了四十多天，在朋友圈刷屏也刷了四十幾天。別說是祝福的心情，我連最後一點耐心都被她消磨掉了。

1 網路用語，通常指在網上短時間內發布大量重複、類似或無意義的資訊。

有人問我：「為什麼遲遲不屏蔽她？」那是因為剛開始時我確實很想祝福她，到後來心態變了，開始和她較上勁，就想看看她到底能刷屏多久。琳達的中式婚禮結束之後，我本以為她的朋友圈終於可以恢復正常了，我又可以看到她日常發的那些精緻的小玩意兒了，可現實又一次讓我出乎意料。

沒消停幾天，因為某個綜藝節目到琳達舉行西式婚禮的地點取景，琳達非常興奮，於是在朋友圈裡把當時的婚禮資料又發了一遍。我終於忍無可忍，刪除了她。

後來我回憶了一下這件事的時間節點，居然是從前一年的中秋，持續到了第二年的春節。

在這個時間段內，我和琳達共同的微信群裡有幾十個人都在議論她的行為，有好言建議的，有真誠提醒的，也有直接反對的，可是琳達一概不理，還是繼續發。最終，群裡很多人都表示已經刪除了她，還有一些人連微信群都退了。

沒有人不允許她在舉辦婚禮時興奮、感動，也沒有人反對她分享照片，可是在將近五個月的時間內如此高調、反覆地炫耀自己的婚禮，這必然會引起周圍人的不快。

在我身邊，那些生性高調的人都沒什麼朋友。他們或許因為財富而高調，或許因為成績而高調，或許因為幸福而高調，但無論高調的原因多麼合理、正義，高調這個行為本身就具有排他性，這樣的人怎麼能得到好人緣呢？

人們不喜歡高調的人，認為他們令人反感，是因為人們認為，**高調的人在過分炫耀自己，仿佛在強調「你們都沒有，只有我有」的優越感，從而讓其他人有一種「低人一等」的感覺**。

炫耀的潛臺詞是「我比你們都好」，傳達了高調的人對周圍人的輕視和不尊重。

人與人之間的情緒是相互的，無論是喜歡還是討厭，一個人內心產生這種情緒，另一個人一定能感覺到。好人緣是建立在被大家喜歡的基礎上，試問有誰會喜歡蔑視自己的同伴呢？由此可見，要想收穫好人緣，還是低調一點好。

差別對待，減少無效社交

「無差別對待」這句話一度在網上非常流行。大多數網友在討論一些社會熱點問題時都會說，希望男女被無差別對待，希望不同地區的高考生被無差別對待，希望不同職業的人被無差別對待等等。其實大家只是想表達公平而已。而「無差別對待」這句話，並不是任何時候都能「無差別」適用，尤其在人際關係上，絕不要迷信「無差別對待」，那會讓你吃大虧。

在生活中，每個人都扮演著不同的角色，兒女、父母、朋友、上下級等。對兒女有耐心，對父母孝順，對朋友真誠，對同事負責，處於不同角色時，有差別地對待身邊的人，這是我們天生就會的，不用學習也能運用自如。可是，在面對同一群人或者同一類人時，我們往往就會將這個界限模糊掉，忘記自己應該有差別地對待別人，在無形中給自己增添很多不必要的麻煩，讓自己被人際關係所累。

柚子和小麥是同事，也是合租舍友。每天二十四小時幾乎都在一起，關係自然很親密。柚子做得一手好菜，小麥在廚藝上卻一竅不通。為了兩人都能帶飯到公司，兩人合計之後決定：小麥每天交給柚子一百元伙食費，由柚子負責做飯。

同事小梨聽說之後，也想加入柚子和小麥，請她們倆在做菜時多加一點分量，三個人一起吃。小麥覺得並不費事，於是欣然答應了，也向她收取每頓一百元的伙食費。

沒過幾天，另一位同事梅梅聽說了這件事，也提出要加入她們。柚子擔心自己的工作量太大，但小麥覺得，同樣是同事，答應了小梨，不答應梅梅可能會被說區別對待，於是只得答應下來。

但是後來一傳三，三傳十，沒過半個月，柚子已經日入一千元，而她需要做的飯也從兩人份變成了十二人份。剛開始，她還為這份「外快」感到欣喜，但時間一長，每天下班回家還要做飯做到十一點，第二天再將大包、小包帶到公司，她的時間和精力被大大消耗，連工作時都覺得疲憊不堪。

終於，柚子提出了抗議，但小麥依舊擔心會得罪同事。柚子覺得，她願意給小麥做飯，最主要的原因就是自己和小麥的關係不同於普通同事，而現在那麼多同事加入進來，她覺得自己和小麥的關係似乎都沒有以前親密了。雖然同樣是一百元，但她只願意給小麥做飯。

於是，柚子拒絕了同事的要求，對小麥和其他同事採取了差別對待。這樣一來，柚子又恢復到從前的生活節奏，多出來的時間和精力讓她得到了充分的休息，工作也重回正軌。

可見，「有差別對待」能為你節省時間和精力。不僅如此，「有差別對待」還能讓你遠離麻煩和糾葛，保持平靜的心情。

網上流行著「中國式四大名句」：「來都來了」、「大過年的」、「還是孩子」、「給個面子」。我想加上一句，叫「都是朋友」。在我們的生活中，即便都是朋友，也一定有親疏遠近之分，男的和女的，認識早的和認識晚的，能保守祕密的和不能保守祕密的，都能成為劃分標準。

可周磊並不這麼認為。

周磊是一個聚會組織愛好者。每逢周末他都會絞盡腦汁地想節目，把自己和妻子的朋友全都拉到一起聚會。他的口頭禪就是「都是朋友，一起玩才熱鬧」。而且既然都是朋友，總不能只照顧一個而不照顧另一個吧！於是，他每次都會細細了解參加聚會的人有什麼娛樂、飲食上的偏好，然後制定方案，把每個人都照顧得妥妥帖帖，朋友們自然也都很享受。

但久而久之，問題就出現了。周磊的哥們兒居然愛上了妻子的閨密，妻子的閨密似乎也有那麼點兒意思。可妻子的閨密是有夫之婦，而且閨密的丈夫也會參加周磊組織的聚會，還和周磊的關係非常不錯。

這下周磊為難了，兩邊都是朋友，到底該怎麼辦？想來想去，周磊決定無差別對待，既然已經看出了妻子閨密和自己哥們之間有問題，為了不讓閨密的老公蒙在鼓裡，周磊決定將事實告訴他。

閨密的老公知道這件事後，請周磊幫忙勸妻子回歸家庭。無奈的周磊只得再次進行無差別對待，奉勸妻子的閨密不要背叛家庭。

一來二去，這段「狗血」的三角關係把周磊折磨得焦頭爛額，整天感慨真愛不易，甚至還懷疑起自己的婚姻來，實在讓人可笑又可歎。

「都是朋友」，可男性朋友和女性朋友不同，已婚和單身的朋友不同，周磊從一開始組織聚會就為這件事埋下了隱患，後來處理問題的方式也不合理，模糊了人與人交往的邊界感，還讓自己受折磨。

學會有差別地對待身邊的人是人際交往中很重要的一項技能，這樣不僅能保持對身邊人的尊重，也能讓自己活得輕鬆，避免在無效社交中過度消耗自己的精力，還能讓自己遠離人際麻煩。

別把時間浪費在無聊的人身上

D君是我同學微信群中最無聊的人，其無聊程度比起祥林嫂[1]也不遑多讓。只要有人在群裡發言，他必定把話題轉移到自己身上，永遠圍繞他的相親事宜以及他與各種不同類型的女生相親的事情展開，要嘛是他看不上對方，要嘛是對方看不上他。

他很喜歡在微信群裡抱怨這些女生太物質，不懂得欣賞男人的精神世界。他是個沒車沒房的月光族，所謂的精神世界無非就是聽音樂劇、看畫展、穿戴名牌衣物去相親。當然，D君讀的書倒是不少，也頗有小資情調。有一回在微信群裡炫耀他收藏的舊音響，足足有五套之多。

1 祥林嫂是魯迅短篇小說《祝福》中虛構的人物，是舊中國農村勞動婦女的典型。

大家勸他，三十而立，總得上進一些，別整天想著玩，不然以後如何為妻子兒女負責？他卻反過來指責我們太世俗，滿腦子只想著賺錢。又有人勸他，即使不賺錢，好歹把身上的「肥膘」減掉——不到三十歲的小夥子看起來像四、五十歲的中年人一樣，再美的心靈也被厚厚的脂肪蓋住了。結果他又說大家膚淺，以貌取人，還舉出許多例子來證明他的觀點。

除此之外，群裡還經常因為他的話題吵得不可開交。D君不愧是飽腹詩書，在群裡「舌戰群儒」，以一當百。每次吵架，其他同學都被氣得夠嗆，三觀仿佛受到了一次十二級颱風的洗禮。

D君反而風輕雲淡：我都不生氣，你們氣什麼？

同學們日漸厭煩，D君卻樂此不疲。隔三差五就往群裡發一張他要相親的女孩的照片，讓大家給他參謀。如果女生長相一般，他便諸多挑剔；如果女生來自農村，他便嫌棄對方將來會拖他的後腿。此時，D君也不覺得自己膚淺、世俗了。

時間久了，同學們也明白了D君是塊滾刀肉[2]，一般人改造不了他。

於是，微信群裡的同學達成了默契，凡是他提起的話題都沒人接。總算安靜了一陣子，後來某一天，我收到D君的私信，他問我最近在忙什麼。我還以為他想憑自己的滿腹詩書加入寫作行業，便和他聊了一會兒。

沒想到五分鐘後，他發來一張女生的照片，問我這女孩怎麼樣。我只回了一句「還有會議，改天再聊」，就沒再理他。

後來他又找過我幾次，我都找藉口避開了。再後來，我偶然和別的同學聊天，發現他們也收到過D君的私信，但沒有人願意在他身上浪費時間。

大家都是成年人，連自己的事情都忙不過來，哪有工夫在無聊的人身上浪費時間？生活中經常會遇見很無聊的人，他們有意或無意地干擾你的生活，占據你寶貴的時間，還能輕易挑起你的負面情緒。

我曾經試圖與這類人講道理，想轉變他們的觀念，讓他們積極地生活，並為此付出了大量的時間和精力，但我沒有一次成功。

終於，我明白了一個道理，在這種情況下保全自己最好的方式就是遠離。

2 形容那種死皮賴臉、糾纏不清的人，怎麼説都不聽的人。

所謂「近朱者赤，近墨者黑」，跟隨蝴蝶走的人，看到的是芬芳的鮮花，而跟隨蒼蠅走的人，只能到達骯髒的溝渠。消極的情緒會傳染，和無聊的人相處久了，你的生命活力也會被消耗掉。

無聊的人會把你拖垮。我們改變不了別人，但至少可以選擇與什麼人相處。與能讓你變得更好的人在一起，彼此促進、激勵，這樣你才會變得更好。多和正能量的人在一起，他們積極向上，不會把你拖進無望的泥潭。對於那些不斷消耗你的人，要學會及時止損，趁早遠離。讓自己活得更精彩，才是最有智慧的做法。

如果你要選擇朋友，請不要選擇一個無聊的人。生活本來就艱難，不要再給自己增加負擔。無聊的人看不到美好，每天都在「低氣壓」的生活狀態中，這樣的友情是壓抑的，不存在「朋友」的真諦。

如果你要選擇伴侶，請不要選擇一個無聊的人。無聊的人給不了你想要的愛，他只會索取，而且他的索取就像無底洞，你永遠填不滿，還會把自己葬送進去。

遠離那些無關緊要的人，遠離那些消耗你生命的事，把時間用於重要的人和事上，這樣才能讓你每天過得充實，你的生命才會綻放更明亮的光芒。

別抱太多期望，哪有什麼感同身受

生活似乎總是不遂人願，我們一路成長、一路失去。我們總是希望有個人出現，能知你、懂你，在你痛苦時給你安慰，迷茫時給你扶持。可眾生皆苦，你有你的煩惱，別人也有別人的煩惱，即使是最親近的人，也無法做到與你感同身受。

曉欣和芳芳是十多年的閨密，從剛進高中就是一對知心姐妹。後來一起上大學，一起回到家鄉工作，一起找男朋友，又一起出嫁。她們都打心眼裡覺得，對方就是自己沒有血緣關係的親密姐妹，直到芳芳家發生了一次大變故。

芳芳母親由於沾染賭博而債臺高築，父親賣房、賣車承擔了一部分債務之後，便與芳芳母親辦理了離婚手續。但芳芳母親並不知感恩，反而四處散播謠言說芳芳父親在外面有了小三才會甩掉自己，而且夫妻之間一起承擔債務是天經地義，要不是芳芳父親對她不忠誠，她也不至於出去賭博尋求安慰，還說芳芳一點都不聽話，聯合父親折磨自己，刻意隱瞞父親的外遇……各種各樣扭曲事實的說法從芳芳母親口中傳出，鬧得滿城風雨。

那時芳芳正在為國家公務員考試做準備，頂著巨大壓力在筆試、面試中都拿到第一名，卻在最後一關被淘汰了，已經到了談婚論嫁地步的男友也因為家中極力反對，與芳芳分手。芳芳的生活一下子陷入無比艱難的境地。

熬過那段日子以後，芳芳靠著自己的能力讓生活有了一點起色。這時，母親找上門來，要求芳芳替自己還債。芳芳心中無法原諒母親，再加上債務數額巨大，她可能窮盡一生都還不完，於是拒絕了母親的要求。

沒想到，這件事被曉欣知道了。曉欣給芳芳打電話，痛斥她為人子女卻如此不孝，和她父親一樣無情無義，兒女給母親還債是天經地義，否則不配為人。芳芳十分震驚，這還是自己那個相處了十多年的閨密嗎？自己經歷的所有苦難，被母親毀掉的前途，曉欣都親眼所見，她不僅不幫自己說話，還斥責自己做得不對，難道要為母親的債務賠上一輩子才叫作孝順嗎？更何況這些年來，除了還債，母親的生活所需，芳芳都有求必應，怎麼就被安上了不孝的罪名呢？

芳芳既憤怒又心寒，一直親如姐妹的閨密原來也不過如此。芳芳備受打擊，與曉欣斷了聯繫。

多年以後，兩人在同學聚會上碰面。經過歲月的洗禮，芳芳和曉欣都成熟了不少，談起當年的事，曉欣道出了真正的原因。

原來農村家庭出身的曉欣，從認識芳芳第一天起，就一直羨慕她的家境。曉欣省了又省才能買得起的牛仔褲在芳芳眼裡，是極為稀鬆平常的。芳芳的父母給了她無憂無慮的生活條件，她就該一輩子感恩父母，一輩子無條件地為父母付出。

芳芳苦笑，她的家境確實比曉欣好一些，但遠非曉欣想像的那樣富足，頂多算是高於溫飽線一點的家庭。芳芳也有過父母薪水不夠用，吃飯沒有肉的日子；也有過沒有運動鞋，在夏天只能穿涼鞋上體育課的日子；也有過零用錢太少，看著同學吃零食而自己只能咽口水的日子。

但芳芳沒再開口解釋，因為她明白了一個道理：這個世界上不存在感同身受。自己此刻想要解釋的心情，不過是因為對曉欣還抱有期待。但是，就像曉欣無法理解她為什麼要拒絕為母親還債一樣，她也無法理解曉欣對物質的渴望。

芳芳閉上了嘴，抱了抱曉欣，然後轉身走了。這一對做了十多年閨密的人在這一次告別之後，就再也沒有聯繫過。

這個令人悲傷而遺憾的結局，其實從一開始就是註定了。正因為芳芳和曉欣親如姐妹，在對方身上抱有巨大的期待，矛盾爆發時才會責怪對方不能與自己感同身受。但事實上，不只是閨密，父母子女之間、夫妻之間也時常出現誤解，無法做到真正的感同身受。

所以請收起脆弱的心，不要再期待別人與你感同身受，能夠做到換位思考就很不錯了。**人生不易，每個人都有自己的幸與不幸，站在自己的立場指責別人的不理解，本身就是一場錯誤的道德綁架，更何況所處的圈子不同，成長環境也不一樣**。你的痛苦，也許在別人看來只是一場無病呻吟。所以在你痛苦、迷茫、悲傷、無助的時候，有人能給你擁抱，給你溫暖，願意放下手頭的事情聽你傾訴，就已經是人生一大幸事，何必在意對方是否能夠感同身受呢？

掏心比掏錢難，你的真誠自有回應

在當下這個大環境中，生活節奏越來越快，很多人習慣用掏錢來解決一切，掏錢玩樂享受，掏錢擴充人脈，掏錢請人辦事。彷彿只要掏錢掏得夠多夠快，就能掌握所有事情的主動權。但很多人都忘了很重要的一點：付出真誠自有回應，比掏錢更有效果的是掏心。

朋友婉婷跟我閒聊，說起她在大學裡擔任學生會主席時遇到過的一件事。

可兒是大一新生，家境優渥的她從小就被寵成小公主，只要是她想要的，就沒有得不到的。這樣的成長環境使得可兒不知道怎樣與人交往，入學一個月，連一個能說話的朋友都沒有。

這可急壞了可兒媽媽，為了讓可兒交到朋友，可兒媽媽到超市和商場瘋狂購物。找了一個周末帶了一車東西到可兒的宿舍，把零食和化妝品全都分給可兒的室友，千叮萬囑她們一定要和可兒做好朋友。

可兒一臉得意地看著媽媽在人群中忙碌，認為舍友收了媽媽的禮物，以後就是她的好朋友了。但事實並非如此。

在媽媽的盛情之下，舍友們雖然沒有當面拒絕，但事後有人偷偷把禮物放在了可兒的桌子上，有人給可兒轉錢，有人找理由請可兒吃飯，真正收下禮物的舍友，在最初幾天和可兒熱絡了一陣之後也恢復成一般同學的關係。

可兒很苦惱，在宿舍大發脾氣，斥責舍友們嫌棄自己的禮物不夠貴重才不願意和她做朋友，如果有需要，她還可以送給她們更好的禮物。這一鬧，接受禮物的舍友也趕忙回了禮，與可兒劃清界限。

可兒又氣又惱，找到婉婷幫忙。婉婷看著這個嘟著嘴的小女孩，覺得她既幼稚，又有些可愛。在這個年代怎麼還有家長用禮物為孩子「收買」朋友呢？可兒並沒有壞心思，只是用錯了方法而已。

於是，婉婷耐心地教了可兒一些交朋友的方法，首要的一條原則就是要真誠以待，可兒似懂非懂。

自那以後，可兒有意收斂了自己的小公主脾氣，與舍友說話時多傾聽少搶話，與舍友吃飯的時候尊重舍友的口味，在宿舍聽歌不再開外放，舍友有了困難就主動幫忙……兩周不到，可兒就完全融入舍友們了。再次來找婉婷時，已經變成一群女孩子手挽著手嘰嘰喳喳說個沒完的場景。婉婷打心眼裡為可兒高興。

可見，錢雖然重要，但不是最重要的。人與人的交往必須從心出發，別人確切地感受到你的真誠，才會回報同等的真誠，你才能收穫良好的人際關係。

我曾看過這樣一則新聞，某市一名男子受朋友邀約到餐館吃飯，席間氣氛非常融洽，觥籌交錯間談笑風生。但到結帳的時候，朋友們以各種理由離開飯桌一去不返，留下該男子一人一臉茫然。他找遍餐館不見朋友，打電話也個個關機。最後店家只得報警求助，男子無奈之下，聯繫父母給他送了錢，才把事情了結。

本以為這是一場朋友的惡作劇，但事情的後續發展卻耐人尋味。原來該男子經常呼朋喚友上館子，每次都說自己請客，但到結帳時卻裝醉逃避，讓朋友們付錢。朋友們表面上是被邀請，結果還是自己掏錢，於是氣不過，就聯合起來整蠱該男子。

其實，吃一頓飯花不了多少錢，朋友們也不是在意自己付錢，而是不能認同該男子這種行事作風。生活上有困難可以直接說，即使沒有困難，只是想偶爾免費上館子，做朋友的可能也沒啥說的。但是該男子這種把朋友當傻子的行為極其令人氣憤。掏錢有成本，但掏心全看人品，該男子對朋友沒有一絲真誠，遭到整蠱實屬自作自受。

錢財乃是身外之物，只有人和人之間真誠以待才是維繫關係的不二法寶。掏錢容易，掏心卻難。錢沒了可以再賺，但因為不真誠而失去一位朋友，會讓人遺憾一生。

「誠」是中華民族千百年來傳承的待人美德，法律也將真誠規定為市場交易的基本原則。一輩子很長，我們會遇到很多不同地位、身分、成就的人，但過客匆匆，真情難得，人與人之間的真誠是最珍貴的東西。只有真誠能帶來別人的信任和認可。掏錢之前，請先學會掏心。

第三章

成年人要懂得界限感

每個人都有自己的個性，
沒有人有義務時時刻刻遷就你。

有界限感，才會有好感

周國平曾說：「一切交往都有不可超越的最後界限。在兩個人之間，這種界限是不清晰的，然而又是確定的。一切麻煩和衝突都起於無意中突破這個界限。」

我深以為然。

人和人之間的關係很微妙，一個表情、一句話都有可能對彼此之間的關係造成影響。而且成年人不會像小孩子那樣，把所有想法都寫在臉上，有時候熟悉的人忽然疏遠了，親近的關係忽然斷了，無處可問、無跡可尋，當事人永遠不可能告訴你真正的原因。在抱怨對方個性古怪之前，先想一想，自己有沒有注意界限感。

心理學上有一個概念，叫作「安全距離」，是說人為了讓自己感到安全，會形成一個排斥他人的距離，在這個距離內，只允許自己存在，一旦別人入侵，就會產生反感、緊張和逃避的情緒。兩個沒有親密關係的人之間，身體安全距離是八十釐米左右，而心理安全距離是以不侵犯他人私人空間、不削弱他人對自身及財務的控制為底線的。

球球，人如其名，單純天真，胖。剛到單位的時候，大家都很喜歡她。畢竟是一個有好吃的就會笑，沒什麼壞心思的孩子，還能把沉悶的辦公室氣氛搞得活躍而歡樂。或許是因為大家對她好，她逐漸肆無忌憚起來。

一天，球球到隔壁辦公室串門，正好遇到杏子從超市購物回來。杏子和球球只是一般同事關係，見到球球後打了聲招呼就坐回工位準備開始工作。球球卻興沖沖地跑到杏子面前，拎起杏子剛放下的購物袋，說要找找有什麼好吃的。杏子有些不快，但礙於情面，只得由著球球。球球一邊叫嚷著，一邊把購物袋翻了個遍，終於在角落找到了一小袋餅乾，於是她直接將餅乾放進自己口袋，還說和杏子那麼熟，就不謝了。

杏子不答應，說那袋餅乾的口味是自己很喜歡的，她去了很遠的超市才買到，不能給球球。球球非得要，杏子有些不耐煩。球球那幾天嗓子發炎，理論上吃不了餅乾，但球球說，哪怕是帶回去看著也高興。說著，球球就拿走了餅乾，杏子站起來想攔住球球，卻被她一掌推了回去。

同樣的事，另一位同事朗哥也經歷過。朗哥比我們大幾歲，不久前，家裡剛剛添了一個小寶寶，所以他工作愈發認真了。有一次，他又被主管指派做某專案組的組長，球球是項目組成員之一。

某天，專案組的同事一起出差，在回程的路上，朗哥看大家趕了一天路都口乾舌燥，便說一會兒吃完飯請大家喝東西。球球強烈要求要搞特殊，畢竟自己是個「小朋友」，要喝兩排兒童飲料。但一般的飲品店裡都沒有兒童飲料，她就吵著鬧著要朗哥給她買，不買就是不兌現承諾。

朗哥賠著笑臉說，大家都喝咖啡，球球將就一下，下次有機會一定給她買。球球卻不依不饒，說自己不喝咖啡，一定要喝兒童飲料，又是撒嬌又是耍賴的。明明已經是接近三十歲的人了，做派卻還像孩子一樣，最終，朗哥給球球轉了兩排兒童飲料的錢了結了這件事。

看著球球抱著手機心滿意足的樣子，我忽然覺得她臉上那種天真的笑令人厭惡。通過這兩件事，大家最初對球球的好感已經被她敗得一點都不剩了。

未經同意就翻別人的私人物品，不顧別人反對拿走對方花錢買的東西，不顧異性是否已婚就向人家撒嬌，不顧場合地讓上司下不來臺……這一切都是沒有界限感惹的禍。

缺乏界限感的人，本質上是以自我為中心，凡事只求滿足自己的私欲。只想索取、命令和掌控，從來不會對別人付出，也不會聽取別人的意見、照顧別人的感受。**可是在這個世界上，不是你弱別人就要依著你，不是你耍賴別人就要順著你，不是你索取別人就得給你。每個人都有自己的個性，沒有人有義務時時刻刻遷就你。**

有一句話說得很對，一個人最大的惡意，就是把自己的理解強加於別人。像球球一樣，把自己認為開心的方式強加到別人身上，對別人的拒絕和厭惡視而不見，這樣的人，註定不會有人對她產生好感。

懂得拿捏「界限」是一個人的高級智慧。想得到別人的友善，就要先付出真誠；想得到別人的尊重，就要先付出禮待；想得到別人的好感，就一定要記住界限感。

遠離那些充滿負能量的人

人的情緒是很奇妙的東西，就像一座大廈。建樓的過程很複雜、很辛苦，必須小心翼翼才能建成，但是摧毀一座樓十分簡單。人的情緒也一樣，要保持積極向上的心態，始終開心愉快很不容易，但要摧毀這一切，只需要片刻工夫。負能量，是能夠摧毀你情緒大廈的源頭。

也許你身邊也有這樣一個人，他永遠在抱怨，抱怨社會不公平，抱怨主管無能，抱怨同事難相處，抱怨伴侶不體貼，抱怨孩子不聽話……任何事情，哪怕事實上並沒有他說得那麼嚴重，他都只會往壞的一面想。久而久之，孩子一聽他說話就煩躁、頂嘴；妻子見到他就來氣，懶得和他說話；同事見到他就躲；主管見到他就罵；他在社會上也混得越來越差。

這是一個奇妙的迴圈，他抱怨身邊的一切，身邊的一切也被他影響，就以同樣的方式回饋他，這就是負能量的可怕之處。

上大學的時候，我和小悅關係很好，我倆都是「憤青」，罵這個、罵那個，看誰都不順眼，覺得身邊的人都是俗人，覺得成功者都是靠別人，仿佛眾人皆醉我獨醒，整個人有點像刺蝟，周圍的人都不太敢靠近。

畢業之後，我和小悅去了不同的城市，因為工作忙，我們的聯繫漸漸少了。社會是另一所學校，前幾年，我成長飛快，思想成熟了很多，看待問題不再像以前一樣偏激，也明白了上學時候為什麼自己不討人喜歡——負能量太多。我不再像以前一樣遇到事情就往壞處想，遇到問題就抱怨，而是去思考背後更深層次的問題，積極尋找解決辦法。我覺得，我比以前開心多了。

有一天晚上，我發了一條朋友圈，配圖是羅伯特．麥基的《故事》的封面，文字是：讀完這本書，突然有了寫電影劇本的衝動，希望有一天我的文字也能成為影像，出現在銀幕上。

五分鐘後，我接到了小悅的電話，一開始我們寒暄了幾句，隨後她說：「我們現在的這種環境，出不了好電影，去電影院也沒什麼可看的，全是爛片！」

我說：「好萊塢也有爛片，國產片也有不錯的。」

她說：「你最近怎麼看起國產片了？太低端了！」

我說：「以前是不懂，我最近看了一本書，發現電影沒有那麼簡單。」

她說：「你不會真的想寫電影劇本吧？」

我說：「現在不行，以後有這個打算。」

她說：「想想就算了，就你那兩下子，寫了也沒人拍。」

我說：「現在不行不代表以後不行，多寫總是會有長進的。」

她說：「認清現實吧，別做夢了，那麼拼命、那麼努力有什麼用？看再多書你也成不了天才！」

我們的對話在不愉快的氛圍中結束，曾經無話不談的好朋友，現在卻變得話不投機。當晚，我把朋友圈設置成對她遮罩了。

如果一個人有這些表現：哀怨不斷，事事吹毛求疵，心態消極，有偏見，那他就可能是一個負能量很多的人。

想一想你的朋友中是否有這樣的人，和他們相處，你覺得開不開心？每個人都需要朋友，但你不需要充滿負能量的朋友，你不必與每個人都成為朋友。如果你的朋友身上滿是負能量，你可以試著去影響他，但如果試了幾次都沒有效果，請你趕快離開，與他保持距離。負能量是可怕的泥潭，除非他自己想出來，否則你不可能拉得動他，反而會讓自己陷進去。

即使你樂觀向上，正能量滿滿，但當你身邊出現越來越多的負能量時，你很快也會開始疲憊、消沉。因為情緒最容易感染人，當你總是處於這樣的環境時，心情自然也就容易變得抑鬱。

作家李尚龍說：「負能量是在鞭笞別人的不好、責罵社會的不公，正能量是在講完後告訴你，即使再苦，我依舊可以通過努力去改變一些。」

遠離那些會給自己帶來負能量的人，自己也不要成為負能量之源。我們都是凡夫俗子，偶爾有壞情緒也是正常的，向朋友吐槽、抱怨，在一定程度上可以起到釋放和宣洩的作用，但是，沒完沒了地抱怨，就會讓人受不了。控制自己的情緒，讓自己成為一個陽光的人，一個能給別人帶來正能量的人。

萬物靠陽光才能生長，而心靈也需要正能量的滋潤。不要在負能量上浪費時間和精力，主動去靠近那些擁有正能量的人，讓自己變成一個更好的人。

拒絕人情要趁早

你是不是也有過這樣的經歷，好久沒見過的朋友突然聯繫你，說「最近手頭緊，能不能借我三千塊錢，我發了薪水就還你」之類的話？

其實你的提款卡裡沒剩多少錢，但一想到與朋友多年的交情，還是抹不下面子拒絕。於是打腫臉充胖子把卡裡的錢統統轉給朋友，而自己後半個月卻只能天天吃泡麵度日。

然而一個月過去了，朋友隻字不提還錢的事，你的手頭雖然很緊，但還是抹不下面子，心裡想著再等等，沒準下個月朋友就會還錢。

一轉眼到年底了，你的朋友還是沒有動靜。這下你有些慌了，畢竟過年回家開銷可不小，你鼓起勇氣問朋友什麼時候還錢，朋友各種推辭，你翻出當初的聊天記錄發給他，他倒生氣了。

「不就三千塊錢嗎，用得著催嗎？怎麼這麼小氣！」

你的三千塊錢終於要回來了，可朋友到處跟別人說你不仗義，為了幾千塊錢，連交情都不要了，搞得一些不明所以的朋友都以為你摳門。

你覺得特別委屈，自己好心借錢給他，怎麼變成小氣了？

當面對別人的請求，你覺得為難時，應該怎麼做？當知道自己手頭並不寬裕時，就不要輕率地答應借錢，把你的困難坦誠相告，別人也會理解你的無能為力，最後你們之間的關係就不會鬧得那麼僵。

很多人不懂得拒絕別人。與人為善，在適度的範圍內幫助別人當然是美德，也會給你贏來好名聲。但是，答應別人的請求需要三思而後行，如果超出自己的能力範圍，沒準一片好心還會引來抱怨。

在上大學的時候，我有一個老好人同學，家裡是農村的，父母覺得他能在大城市紮根特別有面子，凡是同鄉到城裡總是讓他接待。他礙於老鄉情面，也不好拒絕，那些年前前後後接送老鄉、請吃飯、去景區，花了不少錢。有一次一個老鄉從老家進城，帶著老父親治病，因為找不著城裡大醫院的門路，想請他幫忙。

同學並不熟悉醫院裡的關係，但又不好拒絕，還是答應了下來。結果整整一周，他在醫院裡像沒頭蒼蠅一樣亂轉，也沒找到合適的醫生。最後，老鄉帶著家人回老家治療了，據說因為耽誤了一周的時間，老父親的病情有所惡化，還落下了後遺症，從此同鄉就開始抱怨這位同學了。

這位同學答應得太早，又拒絕得太晚，導致犯了錯誤，好心辦壞事。所以，在答應給別人幫忙之前，先問問自己，這事到底能不能辦。如果不能辦，禮貌地推辭總比勉強答應下來要好。假如你說不能辦，他會另想辦法；假如你說能辦，他就只能等你的結果。一旦事情搞砸了，他反而會怨恨你。

三毛曾經說過：「不要害怕拒絕別人，如果自己的理由出於正當。因為當一個人開口提出要求的時候，他的心裡本就預備好了兩種答案，所以給他其中任何一個答案，都是意料中的。」

不要太早答應別人的請求。不論是對朋友還是對家人，如果那個請求是無聊、乏味或是會損害自己利益的，你應該學會斷然而禮貌地拒絕，不要拖得太晚，引火焚身；如果你已經答應了別人，就應該遵守諾言，盡力去兌現，在進行過程中如果發現自己沒有能力兌現承諾，就要儘早與對方說明，否則拖到最後，不僅兌現不了承諾，對方也會因為等候而浪費時間。

不要害怕得罪人，每一個拒絕都有價值，每一個放棄都有必要的理由，你的生活也不容易，你必須多為自己考慮一點。學會拒絕別人，才是愛自己的開始。

懂得量力而為，任何時候都要給自己留餘地，對那些心有餘而力不足的事情說「不」，止損比被套牢好。當別人委託你做某事時，一定不要不假思索地滿口應承，冷靜一會兒，在大腦中轉一個圈，仔細思考這件事自己能不能辦得到、辦得好。衡量好自己的能力與事情的難易程度，結合客觀條件充分考慮，然後再做決定。

答應得太早或拒絕得太晚是同一種錯誤。人生很短，把精力用在美好的事物上，不要自找麻煩。學會適時拒絕、適時提供幫助，是高效人生的開始。鼓起勇氣，拒絕自己不喜歡做、不情願做的事，從開口的那一刻起，你就會發現，生活中的煩惱變少了。

不打擾，是與別人相處最好的方式

公司裡有一位熱心的大姐，大姐的丈夫收入可觀，所以她沒什麼工作壓力。大姐人不錯，沒什麼心機，還經常給大家帶小零食，但大家總不太願意和她走得太近，原因是她經常讓人感覺不舒服。

有一天，我翻出一條許久沒穿的裙子，想穿著它回憶一下上學時候的青春。雖然只是三百塊錢的便宜貨，但穿上它確實讓我感到很高興。我剛到辦公室，大姐就湊了過來，對我的裙子一頓評頭論足，說這衣服款式太小，不適合我，又說這顏色已經過時了，和我的年齡不搭。好不容易我才插上一句話，告訴她這是我上大學時候買的。

「天哪！」大姐驚呼起來，連珠炮似的說了一大堆，什麼女人不能對自己太吝嗇，一條裙子只能穿一個季度等等，引得眾人紛紛側目。要是告訴她我只是想回憶一下過去，她肯定以為我是為自己的吝嗇掩飾，於是我把一肚子的話都憋了回去。

本來應該讓我心情愉悅的裙子，卻好像一面讓我蒙羞的旗幟。一整天，我都在辦公室裡坐立不安。好不容易下了班，我飛也似的逃回家裡，脫下那條裙子，再也沒有穿出去過。

不只是我，其他同事也遭受過大姐的「洗禮」。大姐不是挑剔這個人的口紅顏色太俗氣，就是嫌棄那個人的髮型與本人不搭，就連手機鈴聲，她也要挑刺。如果不聽她的，她就會一遍又一遍地重複，直到別人「改邪歸正」為止。大家受不了大姐的嘮叨，只能屈服，但是沒有人感謝她的意見。

沒有人喜歡別人對自己的生活指手畫腳。每個人的審美、眼光不同，每個人的經歷也不同，所以才造就了獨立的個體。人天性渴望自由，沒有人喜歡被束縛，如果一個人的生活沒有打擾到別人，為什麼要改變？

與人相處最好的方式就是不打擾對方。每個人都有自己的生活方式，他們所認知的世界就是自己「創造」的世界，沒有好壞、對錯，別人看見的都只是別人的感覺。你怎麼知道你覺得辛苦的事情，別人不是樂在其中呢？所以不要輕易打擾別人的生活，不要給別人增添煩惱。

道理人人都懂，可人總是更容易接受自己，所以當別人的言行和自己不一樣時，就認為別人是錯的，就總想給別人指點一番，殊不知，你的打擾會讓別人很苦惱。也許別人的生活需要改變，但是絕對不需要被人指指點點。

孟子說：「人之患，在好為人師。」人總是喜歡指點別人的生活，從中得到心理上的優越感，但這是一種劣習。不要輕易去評價別人，更不要隨便打擾別人的生活。

其實，誰也沒有資格去打擾別人的生活。社會是多元的，誰能分得清誰對誰錯？誰能分得清誰高誰低？世界上沒有完美的人生，別人沒有，你自己也沒有。看到別人鬧笑話時，你能保證自己永遠不會鬧出同樣的笑話嗎？不要輕易打擾別人，正如你也不喜歡被打擾。

既然大家都不完美，就靜靜地欣賞別人的生活吧。世界不可能圍繞著一個人轉動，不理解別人的生活時，做看客就好，見證別人的幸福，分享別人的快樂。

網上有這樣一個故事：

路邊有一個中年女人正在擺地攤。正值午飯時間，一個中年男人騎著自行車過來送飯。男人一下車，就歉意地笑著說：「對不起，我來晚了，餓了吧？」女人看著給自己送飯的丈夫，笑了笑，說：「沒事，不著急，還早呢。」男人笑著從自行車前面的筐裡取出午飯，兩人就著路邊的階梯坐下，開心地吃了起來。

此時來了一個中年阿姨，她看著兩人餐盒裡的飯菜，詫異地對女人說：「大妹子，你真可憐，辛辛苦苦地工作，老公就給你吃這些東西，一點油水都沒有。」說完，中年阿姨扭著身子離開了。夫妻兩人面面相覷，原本美味的飯菜也失去了幸福的味道，多了一分苦澀。

如果這夫妻倆的生活沒有被打擾，妻子一定會因為丈夫辛苦為他送飯而感動，即使生活再苦，他們也會感到幸福。

不要輕易地去打擾別人的生活，每個人的行為都有自己的出發點和原因，多嘗試換位思考和尋找共情點，求同存異地理解別人。

管住自己的口，收回自己的手。不輕易地打擾別人的生活，是做人最基本的修養，也是改善人際關係的基礎。

其實，大多數人並不在意你

大概很多人都有過這樣一種錯覺，只要走進人群中，就覺得自己成了所有人關注的焦點，一舉一動都備受矚目，生怕哪裡出錯，惹人笑話。但其實並非如此，在日常生活中，某方面特別出眾的人不一定受到大多數人的關注，更不用說不經意間出現的小紕漏，可能最多也就是博人一笑，大家轉過頭就忘了。

Ａ君是一個在各方面都謹小慎微的人，用他的話來說，就是凡事不可出格，出格必招嫌。某天下大雨，Ａ君忘了帶雨傘，眼看著同事們都紛紛下班回家，雨卻越下越大，根本沒有要停的意思。Ａ君實在坐不住了，左思右想，決定冒雨回家。

Ａ君在公司門口等了一會兒，確定不會遇到熟人後，就大膽地卷起褲腿，脫下西裝外套頂在頭上，衝進雨中，奔跑起來。沒想到，這一幕被剛好開車經過的副總經理看到，副總經理覺得公司應該準備一些一次性雨衣，為遇到驟雨天氣時沒帶雨傘的員工提

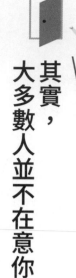

供一些便利，便給行政部下達命令，讓行政部迅速採購。

A君得知此事後日夜不安，自責不已。他怪自己沒有考慮周全就做出「出格」之事，害行政部的同事平白無故多了一樁差事。

A君糾結了一天，想了又想，花了很長時間編輯了一條訊息發給行政部的同事：他先檢討自己不該忘記帶雨傘，又為自己冒雨奔跑的不雅行為鄭重道歉，最後保證以後一定會做好本職工作，不再給同事添麻煩。洋洋灑灑的幾百字，結果，行政部的同事只簡單回了一句話：為同事服務是行政部的職責，無須致歉。A君並沒有因此安心，反而覺得，自己發了一大段話對方卻只回了一句，同事一定只是在和自己客套，事實上已經生氣了。

於是A君鍥而不捨地又發過去幾百字，解釋自己為何沒有按時下班，為何沒有帶雨傘，並再次道歉。

同事久久沒有回覆，A君坐立不安，開始胡思亂想：該不會是在討論我的問題，不好回覆吧？我剛才說的都是實事求是，沒有一點誇張，他們不能不相信啊！即便我確實增加了他們的工作，但同事一場，平時我對他們都不錯，他們該不會因此就排斥我吧？越想越不對勁，A君決定去行政部看看。

結果行政部大門緊閉，所有人都在開會。這下Ａ君更緊張了：該不會是開會討論怎麼處理我吧？這些莫名其妙的念頭讓Ａ君完全失去了理智，他居然貼著門偷聽了起來……

最終，Ａ君被抓了個現行，副總經理親自找他談話，一問前因後果，原來當天行政部同事之所以資訊回覆短，是因為當時手頭正忙，而開會是為了討論第二天的一場重要會議，從頭到尾都與Ａ君沒有任何關係，而Ａ君卻因為想太多而徒增了許多麻煩。

最後，副總經理丟給Ａ君一句話：無論好壞，別人沒有你想的那麼在意你。

不得不承認，很多人都犯過Ａ君這樣的錯誤。由於內心深處太在意別人對自己的看法，以至於把自己看得太重，而誤以為別人也會把自己看得很重，什麼事情都圍繞自己轉，無論好壞，仿佛自己永遠處在事情的中心。

然而事實是，生活節奏越來越快，大家都很忙，關注自己的時間都不夠，誰會那麼在意你呢？

有句話是這麼說的：二十歲時的人，會顧慮旁人對自己的看法；四十歲時的人，已經不理會別人對自己的看法；六十歲時的人，發現別人根本就沒有想到過自己。

所以，活得灑脫一點吧！偶爾在公眾面前出了醜，也不必那麼沮喪和懊惱，博人一笑不是什麼壞事，沒人會在轉頭之後還記得你的糗事；偶爾犯個小錯誤，立即改正就好，沒人願意花精力拿這件事來嘲諷你；偶爾失敗一次，不用解釋太多，對你來說很重要的事或許對別人來說只是可有可無。

畢竟每個人對自己問題的在意程度，要遠遠超過他人，否則那些經紀公司和廣告公司，用得著花那麼多心思讓大眾記住某個藝人和某部電影嗎？

所以，放輕鬆一點，大多數人並沒有你想的那麼在意你。

學會示弱，與人相處留有餘地

小段是一個很較真的人，凡事一旦涉及工作，他一定要辯個清清楚楚。有一次他與客戶開會，客戶是一個上了年紀的人，對小段的設計方案提出了不少意見。在美術設計專業出身的小段眼裡，客戶的意見顯然十分外行，於是，小段就從專業的角度給對方解釋為什麼這樣設計。

客戶不肯聽小段的意見，強硬地表示就按照自己說的來，而小段年輕氣盛，當場諷刺客戶不懂設計。結果可想而知，會議不歡而散，這個項目也泡湯了。

作為一名專業的設計人員，自己的設計被否定的確是一件很委屈的事情，但是小段的應對方法也有很大的問題。既然他的工作是為客戶服務，那麼適當聽一下客戶的意見也是應該的，強硬地堅持自己的意見，與客戶硬碰硬，不出問題才怪。

世界上沒有兩片完全相同的樹葉，人也一樣，不同的人會有不同的觀念。決定一個人觀念的因素很多，過往的經歷、教育程度、社會地位等，小段和客戶無論是年紀還是社會地位都相差很遠，對設計的理解自然會差很多，彌合這種分歧需要雙方耐心地溝通，如果小段懂得適當地示弱，就不會鬧成那樣的僵局。

懂得示弱是一種智慧。每個人都喜歡站在自己的立場考慮事情，這無可厚非，有時候即使別人的觀點是錯誤的，出於面子或其他因素的考慮，他們還是會堅持己見。這個時候，如果你一定要跟他們爭個高低，肯定會傷了和氣，而最終受害的可能是自己。

年輕氣盛不見得是一件好事，雖然有幹勁、有朝氣才能進步，但是一味堅持自我、鋒芒畢露，則有可能與別人碰得頭破血流。

俗話說，剛則易折，柔則長存。人不能太好強，有時要懂得示弱。如果小段能夠適當地示弱，承認自己考慮不周，經驗和閱歷不足，給對方留一點面子，客戶可能就滿意了。這時，小段再委婉地提出自己的建議，客戶的反應可能就不會那麼激烈了。

很多時候，如果你和別人的意見產生了分歧，不要急著證明對方是錯的。別人未必不明白自己的想法有問題，只是人都要面子，需要一個臺階下而已。在這種情況下，如果你主動示弱，那就相當於把臺階送到別人面前，你給別人留面子，別人也會給你留面子，這樣才會有皆大歡喜的結局。

真正強大的人不需要用強大來標榜自己，也不需要通過時刻逞強的方式來贏得別人的尊重。事實上，逞強的人往往只會適得其反，讓自己的短處暴露無遺。有時，適度的示弱反而能贏得人們的尊重和理解，從而獲得發展的空間。

示弱並不是軟弱無能、毫無強硬之氣，而是一種聰明的退讓。內心強大了，自然不需要通過表像獲得滿足感。正如真正富有的人不需要全身上下穿戴名牌衣物來標榜自己，真正有地位的人不需要時時刻刻擺出高人一等的架子顯示自己的權威，真正滿腹詩書的人不需要咬文嚼字來彰顯自己的才華。示弱的人反而更需要強大的內心。

人都傾向於同情弱者，那些性格強硬的人或多或少會讓他人產生戒備心理。如果你一味逞強，時刻想掌握主動權，別人就會感到很壓抑。適當地示弱，暴露一些無關痛癢的缺點，反而能增強你的親和力。所以，我們經常見到那些地位高的人在普通人面前說自己也是普通人，也有很多煩惱；有錢人經常抱怨自己身體不好，子女不懂事；學問高的人常常會說自己情商低。不露痕跡地暴露一些小缺點是一種示弱的技巧，這樣一來，對方知道你並不是一個目中無人的人，就不會那麼防備你，你和別人的關係就會更融洽。

示弱不應該只表現在口頭上，還要表現在行動上。如果你在事業上已經獲得了一定的成就，那麼在小的利益上就不要再斤斤計較，適當地分享你的利益，回避同弱小的人競爭，對小名小利淡薄一些，不要為一點微利惹火燒身。

學會示弱，在同事面示弱、在家人面前示弱、在朋友面前示弱，你會發現，你身邊的矛盾少了很多，你更加討人喜歡了。我們沒有必要始終保持強大的樣子，適當示弱，在疲憊的時候尋幫助，在失落的時候尋安慰，在犯錯的時候主動反省，讓別人感受到你的真心，這樣才會得到更多的幫助。

記住，學會示弱，別讓自己憋出「內傷」。

你足夠努力，世界就足夠公平

人的一生會經歷悲痛、失望、怨恨、痛苦和掙扎，能不能從這些情緒中脫離出來，練就從容淡定的人生態度，訣竅只有三個字——平常心。

小果出身於一個普通家庭，外表普通，智力普通。但小果的媽媽偏偏不這樣認為，她告訴小果，你是天底下最聰明、最漂亮的孩子，長大以後一定能成為「天之驕女」。

在媽媽殷切的期待下，三歲的小果努力地想成為幼稚園裡最茁壯的那棵向日葵。但事不遂人願，小果的同學萌萌每逢周末都要去學鋼琴、舞蹈，所以班裡音樂最好的孩子不是小果，而是萌萌；葉子的爸爸是美術學院的教授，小果再怎麼拼命練習，都取代不了葉子美術組長的位置；朵朵是中美混血，小果非常努力才學會的五十個英文單詞，朵朵張口就能來……只要老師多表揚其他小朋友幾句，小果心裡就有些難受：為什麼我家不像萌萌家一樣有錢，為什麼我的爸爸不是美術學院的教授，為什麼我的媽媽不是美國人……

小果整天在這些「為什麼」中徘徊，小小年紀卻每天心事重重。

就這樣過了十幾年，小果讀完了幼稚園、小學和初中。進入高中後，成績名列前茅的小果沒有按規則被分到優秀班，而被分到了普通班，小果認為這非常不公平，於是找到學校高層要求重新分班。但學校高層三言兩語就把她打發走了，重新分班的事也杳無音信。

小果無奈，只得去普通班報到。由於心有鬱結，小果的成績一落千丈，多次滑到普通班的後二十名。不知怎麼，有傳言說小果在入學時成績就不好，根本沒有資格進入優秀班，她竟然還有臉去找學校高層要求重新分班。

小果氣得大哭，自己那麼努力卻得不到一個好結果，原本只是想爭取公平卻被說得如此不堪，她恨命運對自己如此不公平。

壓抑的高中三年過去，小果考上了一所不上不下的普通大學，選擇了一個不冷不熱的普通專業，畢業後按部就班地開始找工作。

又過了幾年，小果迎來了人生的下一個重大階段——談婚論嫁。

男方是事業有成的青年才俊，對小果也疼愛有加，兩人戀愛三年後結婚，但是，即使兩人走過了三年，公婆和男方的親戚還是覺得小果不夠優秀，不僅明裡暗裡挑剔小果，就連小果的父母都被低看一等。

小果心裡怨氣重重，認為公婆和親戚對自己不公平。老公雖然很優秀，但自己也不差，如今事業上風生水起，憑什麼被挑剔？於是，小果總拿這件事抱怨老公，兩人三天兩頭吵架，鬧得差點離婚。

是啊，憑什麼呢？憑什麼別人有的小果都沒有，別人不必受的委屈小果都要受？

我們常常會犯一個錯誤，就是把人和屬性分開，認為別人如果不是因為家裡有錢，如果不是因為老公有本事，怎麼可能混得那麼好？這些因素都是那個人具備的屬性，而不是那個人因為這些屬性，才比別人過得好。

想明白了這一點，就不必再去羨慕和嫉妒了，畢竟有的屬性是天生的。既然改變不了，那還抱怨什麼呢？世界本就不公平，你羨慕別人，別人也會羨慕你。你能接受別人自帶的屬性，別人也會接受你自帶的屬性，這種多樣性下的和諧，反而是另外一種意義上的公平。

改變不能接受的，接受不能改變的。我們無法改變世界，但我們能改變自己。用一顆平常心去對待這種不公平，你會發現，其實沒什麼大不了的。

你的善良要有點鋒芒

在我的閨密身上發生過這樣一件事。她在一個沙龍上認識了一個女孩，女孩剛成年，因為家裡不同意她學表演，於是離家出走，到大城市打拼。女孩說自己飽一頓餓一頓，接不到群演的工作時，不得不在速食店過夜。女孩看出我的閨密是個很有同情心的人，提出想暫時住在我閨密的家裡。閨密雖然並不情願，但礙於情面，就答應了她。本以為女孩只是住十天半個月，沒想到一住就是半年。在這半年裡，閨密管她吃、住、出行，還盡力幫女孩找工作，但是女孩住得心安理得，絲毫不覺得虧欠。閨密現在想起這件事就生氣。

是閨密的善良錯了嗎？善良沒有錯，每個人都有同情心，而能夠對可憐的人施以援手更是一種美德。但是，世界如此之大，每時每刻都有悲劇在上演。如果每遇到一個可憐人都心生悲憫，都施以援手，那就要出問題了。

中國某著名女演員在拍攝電視劇期間，無意間聽到一個貧困學生艱苦求學的故事。聽到這件事情之後，善良的她被這個貧困學生的求學舉動感動了，她主動聯繫了這個貧困學生，並且出資幫助他讀書。

在接受了女演員的資助後，這個貧困學生第一次高考時落榜了。後來，女演員繼續資助並鼓勵他復讀再考。最終，貧困學生考上了位於上海的一所大學。

在上海讀大學期間，這個貧困學生的開銷驚人，動輒就管女演員要錢。泡網吧、談戀愛、買蘋果手機等都找她要錢。等到該學生大學畢業之後，女演員隨之停止了資助。然而，令人瞠目結舌的事情發生了。這個貧困學生不但不感恩女演員，還恩將仇報，在網上發帖子大罵資助他的女演員，並且大放厥詞，說這位女演員是個大明星，掙錢很容易，卻只給他這麼一點錢。

一個二十多歲的大學畢業生，不靠自己的勞動養活自己，非要當一隻「吸血鬼」。他今天要手機，明天就能要汽車，後天就能要房子，即便女演員是世界首富，也無法填滿這樣的無底洞。

可見，不是所有真心都能換來回報。**無底線地同情別人也許最終只能給自己帶來痛苦。我們不能用真心來考驗複雜的人性，也不能讓無恥之徒利用我們的同情來踐踏真**

情。對於真正有需要的人，我們可以提供幫助，但是，幫助也要有底線。授人以魚不如授人以漁。幫助他人是要讓他們擁有自食其力的能力，而不是去養一隻不勞而獲、榨乾別人鮮血的「吸血蟲」。其次還要考慮自己是否有能力，以及該行為是否在自己的承受範圍之內，做到量力而行。

俗話說，善有善報，惡有惡報。長輩告訴我們要常懷悲憫心，但他們並未教過我們，雖然善良是美德，但這世界上悲慘的事情太多，我們沒有辦法幫助所有可憐人。既然只是普通人，就得先顧好自己，慎用悲憫心。

濫用悲憫心，就是愚善。如果別人借錢是因為不願降低他的生活標準，我們也沒有必要用自己的血汗錢去補貼他。如果別人不高興是因為得到的不夠，我們應該先看看自己有沒有那麼富裕，再去給予他人。如果別人需要的說明不是那麼緊急，我們可以先看看自己犧牲的代價是否太大再做決定。

成年人的世界沒有「容易」二字，我們沒有必要用自己的貧窮去補貼別人的富裕，也沒有必要用自己的拮据去補貼別人的瀟灑。在悲憫別人之前，先悲憫自己。

悲憫要留給值得的人，如果我們對所有人都悲憫，那麼可憐的人會變得更可憐。真正的悲憫，是有所保留的。我們年輕時會對所有乞丐都施以善心，漸漸地，我們會分辨哪些是真的需要幫助的人，哪些是騙取我們同情的人。要明辨善惡，別把自己最珍貴的善良送給壞人。

做任何事情都一樣，必須把握適當的度，悲憫也是如此。真正的悲憫不是惻隱無度和懦弱愚蠢，悲憫也要有點智慧。悲憫是美德，但不能讓它成為我們的弱點；心軟是慈悲，但不能讓它成為我們的卑微。悲憫也要有底線，如果對人好到毫無保留，對方就會壞到肆無忌憚。對方會覺得所有的事情都是理所當然，如果拒絕一次，必然會引起百般怨恨。

人要有悲憫心，卻絕不能迂腐。毫無底線地同情別人是不理智的，如果我們的悲憫不設防，那麼最終傷害的可能是我們自己。

慎用悲憫，把它留給我們喜歡的人，把它留給懂得感恩的人，這才是對這份高尚情感最美好的禮遇。

第四章

年輕的時候
不要局限於穩定

命運餽贈你安逸生活的同時，
也收走了你實現夢想的勇氣。

平凡確實可貴，但平庸卻很可笑

人生而平凡。平凡是我們每個人出生時的自帶屬性，無論你有多少優點，放在人海中可能也只是一滴水而已。可是，如果因為這樣就甘願只做一滴水，除了隨波逐流流入海洋，就沒有其他的價值，這就不再是平凡，而是平庸了。

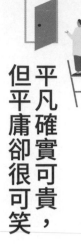

獲得奧斯卡金像獎六項大獎的電影《阿甘正傳》就講了一個平凡人物創造偉大人生的故事。阿甘是一個智力有缺陷的孩子，他的母親從小就教會他一件事——奮力奔跑。阿甘小時候奔跑，是為了躲避同學的嘲笑和欺凌；長大了奔跑，是為了躲避戰爭的子彈。再後來，他也不知道為什麼，還在一直奔跑。阿甘奔跑了一生，看似平凡無奇，卻絕不是碌碌無為。因為他靠著快速奔跑，跑進了橄欖球隊，跑進了大學，跑出了與眾不同的人生之路。

同樣獲得了很多獎項的電視劇《平凡的世界》講述了同樣的道理。主人公孫少平出生在資源匱乏的陝北，但靠著自己勤勞的雙手和意志，不但改變了自己的命運，還帶領全村致富，成為那個時代的先鋒人物。

阿甘平凡嗎？很平凡。他是一個智力有缺陷的孩子，但他做的事情比很多人偉大無數倍。孫少平平凡嗎？很平凡。他只是千千萬萬農民中的一個，但他達成了很多出身比他好、成長環境比他好的人都無法達成的卓越目標。他們都沒有以平凡為藉口，安慰自己、麻痺自己，告訴自己平凡可貴，並因此而懶惰、頹喪，相反，他們竭盡所能地把每一件小事做到極致。但是，現實生活中，很多人連這個也做不到。

我有一個多年前與父母來往密切的親戚，就是如此。

那時，我剛上大學，每每聽到親戚和父親在飯桌上侃侃而談，總是興趣盎然，搬個凳子坐下，加入他們。

當談到對未來的打算時，我興沖沖地描繪我的夢想，構建我未來的藍圖。親戚卻輕蔑一笑，咂摸了一口酒，開始大談平凡可貴。什麼女孩子家在外闖蕩會吃虧，多少人都碰得頭破血流，外面的世界不像歌裡唱得那麼精彩，反而是風險重重，毫無溫度的；什麼做成一件事需要付出的艱苦根本是我想像不到的，他敢肯定，我受不了那樣的艱辛，所以還是早早地嫁人享福去，別瞎折騰；什麼這輩子錢多錢少都是生不帶來、死不帶去的，夠吃夠喝就行了，不要眼饞有錢人的生活……

我聽了之後心裡很不舒服，為什麼他要把自己的標準強加在我身上，我想要的生活憑什麼由他來決定？父親看出我的不忿，悄悄對我耳語，只要看他是個什麼樣的人，就能明白為什麼他會說這樣的話。

於是，我觀察起這個親戚來，他常年穿著一套舊運動衫，配上磨得快沒有後跟的布鞋，在一個二十年都沒有升遷過的崗位，拿著一份剛剛夠吃飽飯的薪水，整個人看起來黯淡無光，似乎只有烈酒下肚，那張頹敗的臉上才會現出一絲笑容。

父親告訴我，這位親戚從二十多歲到現在五十多歲，從來沒變過，也從來沒想改變。他清醒時感歎平平淡淡才是真，喝醉了卻借著酒勁指桑罵槐，把那些比自己優秀的人全都揣測了一遍，到底是意難平。

原來他並不是真的甘於平凡，而是無法接受自己太過平庸，才會用平凡可貴之類的話來安慰自己。

這樣的人並不少見，我們身邊總有這樣那樣的親戚，打著「為你好」的旗號，對你的人生指手畫腳。殊不知這只是他們的一廂情願。高級的相處不是站在自己的立場來指導別人，而是以旁觀者的姿態為他人解惑，以盡可能理解對方的心態去幫助他們。一人計短，兩人計長。人都是赤手空拳地來到這個世界上的，沒人會比別人更高級。所謂不平庸，只不過是希望人人都能發現內心的火光，沿著火光堅定地走下去。不論流多少汗、吃多少苦，只要對得起自己，就是真正的人生。

「我曾經跨過山和大海，也穿過人山人海。我曾經擁有著的一切，轉眼都飄散如煙。我曾經失落失望，失掉所有方向，直到看見平凡，才是唯一的答案……」這是朴樹演唱的《平凡之路》的歌詞片段，它的名字雖然叫作《平凡之路》，但其中蘊含的情感卻一點都不平凡。它包含了人對理想的熱烈追求和青春時期的徘徊與迷惘。我們從旋律中聽到悲壯，從歌詞中品出偉大，這是真正的平凡的意義。

有人說，沒有在深夜痛哭過的人，不足以談人生。而我認為，沒有經歷過非凡人生的人，不足以愛平凡。

平凡的確可貴，但那是在人生中奮勇向前，摔過、痛過卻也幸福過、感動過的人，才有資格去談論的話。如果沒有經歷過，就只不過是平庸者為自己找的藉口。無論平凡多麼可貴，都不能成為平庸者用來自我安慰的藉口。

最靠譜的投資，莫過於投資自己

「股神」巴菲特曾表示，一個人能做出的最好投資就是「投資自己，讓自己立於不敗之地」。這樣的投資，稅收機關不會對你徵稅，甚至通貨膨脹也無法影響你。沒有人能帶走你自身學到的東西，每個人都有這樣的投資潛力。

是的，捨得在自己身上花錢，把資源轉化為刻進自己骨髓的本事，誰又能拿得走它呢？

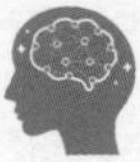

投資自己，不是「包裝」自己……………………

一說到捨得在自己身上花錢，好多人可能會對此產生誤解，認為滿足自己的物質需求就是捨得在自己身上花錢。

有一篇火遍朋友圈的文章，標題叫作〈「偽精緻」正在慢慢毀掉年輕人〉，說的是很多年輕人不考慮自己的收入，只買貴的、大牌的商品，不顧基本涵養和內在修煉，一味地用華麗的物質堆砌自己的「精緻」，目的就是要成為人群中最耀眼的一個。結果，信用卡帳單的數額越來越大，內心也越來越空虛。

包裝自己是為了掩蓋內裡的膚淺，但投資自己是為了錘煉、豐富自己的內心，所以，花錢提升外在條件只是在包裝自己，而不是投資自己。

投資自己，第一步就是摒棄那些拖垮你的壞習慣……………

每個人身上多多少少都會有一些壞習慣，小的可能無傷大雅，大的就可能影響一個人的生活狀態。

我的朋友曉曉，是一個非常漂亮的女孩子。但由於在選擇崗位時有一些失誤，她被分配到了離城市很遠的一個村子裡，交通不便，購物也不便，連水果和速食麵都要從市區買好再帶到工作的村子。或許由於心態有些失衡，曉曉每逢周五晚上，都會去市區。曉曉換下樸素的工作裝，打扮一新，呼朋喚友，從晚上九點開始，先是去KTV唱四、五個小時的歌，接著找燒烤攤或酒吧，再玩兩、三個小時。半夜回到家後感覺又餓了，洗完澡再吃一桶泡麵，臨近天亮才睡下。第二天下午兩點起床，再重複前一天的生活。

幾年過去，曉曉白皙光潔的臉上出現了黃褐斑，原本緊致的眼周皮膚被魚尾紋占領，曼妙的身姿也開始發福。那些年晝夜顛倒的陋習拖垮了曉曉，她很後悔。現在的她不僅不再美麗，連日常工作都有些力不從心了。

由此可見，一個長期的壞習慣真的有可能拖垮一個人。

所以我們要堅決摒棄壞習慣，把自己調整到積極向上的狀態，為更好地投資自己打下堅實的基礎。

投資自己，培養優質的愛好

有的人可能不理解，愛好是發自內心的真正喜好，怎麼培養呢？其實很簡單，你之所以對很多事沒有興趣，只是由於對它不了解，在了解的過程中，只要有一個環節對你的胃口，你就完全有可能對其產生濃厚的興趣。

同事華子是一個文藝青年，寫作之餘最大的愛好就是看電影。但有一天，他忽然告訴我們，他已經成為某品牌手機的主題設計師了，我們都大吃一驚。細問之下才知道，原來這源於華子喜歡自己做手機主題的愛好。

一年前，華子換了一款新手機。用他的話來說，那款手機什麼都好，就是主題太難看，用起來毫無視覺美感。花了好幾天，華子都沒有找到自己喜歡的主題，於是索性自己動手設計起來。做著做著，華子喜歡上了設計手機主題這件事，於是越做越好。某次華子將自己設計的手機主題分享到網上，被一家網站看中，他們簽訂了長期合約。

在此之前，華子根本不相信自己會對設計手機主題這件事產生興趣，更不敢想像這能成為他賺錢的一項技能。但生活往往就是這麼有趣，你不去試試，怎麼知道自己的愛好能不能為你賺錢？

所以，培養一個優質愛好，是投資自己的關鍵步驟。

投資自己，把有限的資金花在無限的可能上

《拆掉思維裡的牆》一書中寫到一個人生試驗。

已知小強和小明的家庭背景和學歷條件都一致，當他們有了一些財富積累時，小強選擇了支付一套房的首付，而小明選擇了投資自己。

接下來的幾年裡，小強因為背著房貸，不敢有大的花銷，生活小心翼翼，維持溫飽就已經很不容易，更別說什麼學習進步。而小明則完全不同，他把那筆錢用於報培訓班、買書籍、拓展人脈關係，每年在簡歷上穩定地增加一個認證，人脈圈子的廣度達到小強的十二倍之多，升職速度也幾乎是小強的二倍。十年後，小強在一家企業做到了經理的位置，年薪一百萬；小明則用五年時間在一家公司升到經理之後，就跳槽到了另外一家企業，從經理做到了總監，又與兩個朋友一起創業，有了股份，年薪大概三百萬。

由此可見，投資自己，不僅能在收入上領先，更能在未來的發展道路上擁有無限的可能。

每個人擁有的資源都是有限的，合理分配資源，以投資者的思維方式督促自己、提升自己，去活成自己喜歡的樣子。

選擇正確的方向，比努力更重要

和我留在同一個城市的高中同學有十幾人，雖然畢業多年，但我們之間的友情依然深厚，時常會找個地方聚一聚，聯絡一下感情。觀察眾人的變化是一件有意思的事情，有的同學上學時毫不起眼，經過幾年的打拼初露鋒芒；有的同學在高中時呼風喚雨，但走進社會之後卻變得鬱鬱不得志。

大家都在外面打拼，也都非常努力，但為什麼曾經處於同一起點的同學會產生這麼大的差距？雖然說付出總有回報，但回報相差很多，憑什麼大家都在努力工作，職位卻差好幾級，薪水差好幾倍？努力有錯嗎？堅持有錯嗎？

努力沒有錯，堅持也沒有錯，前提是走在正確的道路上。

在轉行做演員之前，朋友的朋友曾學了六年民族舞。她身體的韌性較差，再加上沒有任何舞蹈功底，練習起來總是格外費勁，連基礎的下腰、橫跨、劈叉都做不到。所以在學校的期間，她去的最多的地方就是練功房。因為她知道，比起別的同學她並不算優秀，所以她要加倍刻苦地練習。但即使如此拼命努力，她還是沒有成為頂尖舞者。後來，她意識到自己選擇的道路不對，便毅然轉行，考入表演藝術系，這才有了後來的「影后」。

當我們還處於懵懵懂懂的年紀時，我們按照父母和老師的要求努力學習，那時候我們沒有選擇，人們對我們的評價標準就是考試成績。可是在現實生活中，付出的努力往往沒有那麼立竿見影，很多事情不再像做題和考試一樣具有緊密的因果關係，努力並不一定能夠帶來回報。

曾經聽一個做旅遊類雜誌的編輯同行說起過一件事。她每天收到的稿件很多，在這些稿件中，有一部分與雜誌定位完全不符，會被直接篩除。但她一般不會直接告訴作者真正的原因，畢竟數量太多，她的首要職責是挑選合適的稿件，而不是改善不合適的稿件。

所以在通常情況下，這些投出不合適稿件的作者得不到任何回覆，稿件投出之後猶如石沉大海。但當她還是新手時，她對所有投稿者都抱著一種尊敬的心態，每次都委婉地回信、退稿，建議作者能夠換別家再投。

一般來說，被連續退稿幾次的作者能夠自己想明白原因，也就會換一家再投，要不就老老實實按照徵稿要求寫。但有一位作者，文章雖然寫得不錯，可就是與雜誌的徵稿要求無關。差不多有一年的時間，作者孜孜不倦地投稿，編輯朋友也漸漸失去了回覆的耐心，最後甚至一看到這位作者的稿子就跳過。

對這位作者來說，他很努力，筆耕不輟，但他不聽編輯委婉的提醒，反而在錯誤的路上越走越遠，即使他再努力也無異於南轅北轍，因為雜誌不刊登這種類型的文章。所以，有時候不是你努力與否的問題，而是在錯誤的方向上執著、較勁，不聽別人善意的提醒，一條道走到黑，最終只會讓人厭煩。如果你為一個目標努力了很久卻沒有效果，那麼或許應該審視一下是不是自己努力的方向錯了，及時調整、及時止損，也許，下一步你就成功了。

人生中有很多失敗並不是因為自己努力得不夠，而可能只是因為暫時還沒有找到最適合自己走的那條路。一旦發現自己「搭錯了車」，就要及時下車，重新選擇正確的道路，這樣才能更快地走向成功的目的地。

無論做什麼事情，在開始努力之前，一定要認真思考你所選擇的道路是否正確，只有走在正確的道路上，才能充分發揮自己的才能，否則你越努力，離成功的目標就越遠。

前些年，網上有這樣一條熱門微博：千萬不要自己感動自己。大部分人看上去很努力，不過是愚蠢導致的。比如熬夜看書到天亮，連續幾天只睡幾小時，很久沒休假等等。如果這些也值得誇耀，那麼工廠流水線上的任何一個人都比你努力得多。人難免有自憐的情緒，但是，唯有時刻保持清醒，才能看清真正有價值的事情。那些生活中你覺得很努力的人，也許沒那麼勤奮，假如你在正確的道路上堅持行動，超過他們可能也並不困難。

所以，在做事情之前，請靜下心來好好想一想自己喜歡什麼，擅長什麼，該選擇什麼樣的人生道路。只要努力的道路正確，你的堅持就真正可貴，你的每一滴汗水就流得值得。功夫不負有心人，這時候的努力必定能得到相應的回報。

不必活在別人的期待裡

每個孩子大概都做過這樣的噩夢——被父母指著鼻子說道：「你看看別人家的孩子，學習好又聽話，還能幫家長做家務。你再看看你，能比得上別人的一點點，我就無欲無求了！」

「別人家的孩子」成了評價我們是不是好孩子的標準。我們深受其害，心中怨懟叢生。於是，這些「別人家的孩子」可能從小就人緣不好，我們不喜歡和他們玩，他們似乎也不屑參與我們的小團體，就那樣高高在上，活成別人的榜樣和標杆，活成功能性強大但個性模糊的人生角色。

成年之後，我仍然對這些「別人家的孩子」存有刻板印象，直到我認識了一個真正的「別人家的孩子」——夏天。

夏天是一個各方面都很優秀的女孩。家境優渥、學歷耀眼、外表清雅、談吐不俗，讓人一看就十分有好感。而且更難得的是，如此優秀的夏天沒有一點架子，平易近人，和誰都能打成一片。

我們熟了之後，偶然聊起「別人家的孩子」這個話題。夏天無奈地笑了笑，說他們其實壓根不像我們一直以來認為的那樣，反之，他們既累又孤單。

小時候想和其他小朋友一起玩，但其他小朋友對她不友好，不帶她玩。偶爾有一兩個願意和她一起玩的，也總是因為各種事情錯失。

長大後，身邊的同學雖然不再像小孩子一樣搞小團體。但她身上的負擔越來越重，功課要門門考第一，在班裡不能鬆懈，在運動場上也不能屈居人後。慢慢地，她越來越忙，沒有一點時間和精力與朋友胡侃玩鬧，朋友也都漸漸遠離了她。在那麼美好的青春歲月中，她只能一個人默默前行。

參加工作之後，她既沒有理想也沒有目標，既沒有閨密也沒有男友，唯一堅持的信念就是達到父母對自己的期許，不讓含辛茹苦培養自己的父母失望。於是，她拼命努力，積極向上，業績越來越好，父母也越來越高興，不過，她卻越來越疲憊、孤單。看著身邊的同事都在為一個個小目標的達成而由衷高興，作為人人羡慕的榜樣、眾人中最好的那一個，她卻一點都高興不起來。

夏天找到平時走得較近的同事，想尋找答案。同事向她提了一個問題：「你這麼努力，是為了什麼？」夏天有些迷茫，一直以來她都活在父母和主管的期待裡。為了達到這個目標而完成整個人生，難道還不夠嗎？

當然不夠。只有真正為自己去做一件事，才能得到發自內心的幸福和滿足。聰明的夏天立即找到了自己的癥結。在往後的日子裡，她慢慢從父母和主管的期待中解脫出來，開始思考自己到底想要什麼。

夏天的媽媽說，化妝品會傷害皮膚，希望夏天能保持素顏，做一個本真、質樸的女孩。但夏天看到同事塗的口紅很美，整個人看起來精神煥發。於是，她照樣買了口紅，發現了新的自己。

夏天的爸爸說，在人際交往中要一碗水端平，對所有同事都一樣，才能得到別人的友善對待，希望夏天做一個與人為善的女孩。但夏天覺得，有一些滿嘴葷段子的男同事非常讓人討厭，她不想忍耐，就直接反駁了他們。

夏天的主管說，在工作中要主動為同事承擔事務，這樣才能相互團結，相互促進，希望業務能力最強的夏天能起到帶頭作用，為主管分憂。但夏天覺得，每個人都有自己的職責，不同崗位的分工劃分得非常明確，工作做不完可能是能力不足，她的業餘時間還有很多自己的事要做。

從那以後，夏天就以自己的喜好來打扮自己，以自己的理想來促進自己，以自己的方式來與外界交流。在這個過程中，她還改掉了很多從前的小毛病，變成現在我看到的內心篤定、擁有溫和態度的夏天。

「我之前好像是一個旁觀者，總是站在一旁對自己的人生冷眼旁觀。但現在，我是自己人生的絕對主角，這種感覺真好。」夏天用這句話總結了自己人生的前二十五年。這讓我想了一部經典電影——《三個傻瓜》。

「三傻」中的拉珠家庭背景特殊，父親病重，姐姐待嫁，家庭的希望都寄託在他一個人身上。家人希望他從名校畢業之後，能帶領家庭徹底走出困境，於是，他在手上戴了八個戒指，每個戒指都是一份期待，他被這些期待壓得喘不過氣。拉珠經歷一次生死劫難之後才大徹大悟，當他把戒指全部取下時，我在銀幕前感動得落淚。

人生路漫漫，不要再因為別人挑剔的目光而耽誤自己。誠實地面對自己的內心，找到自己真正想要的生活，別人的期待由別人去完成，你只需要完成對自己的期待就好了。做自己，是世界上最棒的事。

不要急於努力，賣力不等於效率

有人說，三月不減肥，四月徒傷悲。經不住朋友的慫恿，我辦了一張健身卡，決心與積累了一冬天的肥肉鬥爭下去。

結果肥肉還沒減下去，倒是在健身房裡發現了一個有趣的現象。大部分在跑步機上瘋狂流汗的人都屬於偏胖身材，而那些型男靚女，則喜歡待在器械區做力量練習，他們通常集中練完一個部位，拉伸幾個回合就走了，不流汗、不大喘氣，看起來似乎是輕鬆愉快地擁有了好身材。

後來我的私人教練告訴我，之所以會出現上述情況，是因為做力量練習的老手們都懂得一個道理，減脂最好的方法是先增肌，肌肉含量提高了，新陳代謝率也會提高，熱量進入身體以後很快被代謝掉，就不容易囤積脂肪。而如果只是做跑步這類有氧運動，減肥效果並不會太好。

難怪跑步機上的人們氣喘吁吁、汗流浹背，身材卻比去器械區的人們差了很多。這個有意思的現象讓我想到，如果在一件事情上付出極大的努力，卻被別人輕鬆超越，那麼大概是方法出了問題。

如果在減肥前稍下功夫去了解減肥知識，哪怕只是上網查半個小時，也能找到足夠多的資料，進行科學的訓練。但很多人僅憑不知何時、何處聽來的「減肥就等於節食加跑步」的資訊，就一股腦兒地在跑步機上瘋狂鍛鍊。節食加跑步對減肥有用嗎？的確有用，但這並不是最高效、最科學的方法。俗話說，磨刀不誤砍柴工，在開始努力之前，找到正確的、合適的方法才會讓你事半功倍。

回想一下，在學生時代，成績最好的同學從來都不是從早到晚抱著書看的人。而且學霸往往多才多藝，也有很多的休閒時間，有很多的課餘愛好。這是因為他們在動手學習之前，會把時間先花在思考上，選擇最適合自己的方法。一旦確定，便會投入時間和精力將其完成到最好。

而那些成績平平卻又刻苦的學生往往不懂得思考，老師和家長說什麼就聽什麼，凡事先做再說，最後才思考為什麼。他們懶惰嗎？並不是，他們花費的時間、流下的汗水比學霸多得多，但他們不愛動腦筋，所以無論他們怎麼努力也趕不上學霸。

小米科技董事長雷軍說過這樣一句話：「永遠不要試圖用戰術上的勤奮，去掩飾你戰略上的懶惰。」真正的努力和勤奮並非流於表面，不能像一頭被蒙住眼睛的驢子一樣只顧埋頭狂奔，張開眼睛，勤於思考，找準努力的方向才能事半功倍。

日本的企業一向有加班文化，員工每天早出晚歸，還得保持一副精神抖擻的精英模樣。但據我在日本留學的同學說，實際上，有很多人都只是在公司裡裝樣子，做很多沒效率的工作來打發時間。他們習慣於各種會議，埋頭於一堆煩瑣的文件之中。為了給主管留下勤奮努力的印象，即使完成了全部工作，到了下班時間，也要留在公司裝作勤勉工作的樣子。其實，這是一種「無效努力」。

真正的努力不是比誰花的時間更多，誰加班更晚，誰把自己搞得更慘，而是全心投入，用專注和熱情持續澆灌工作。以古人磨麵為例，有人自己推磨，從早到晚，累到腳癱手軟，磨出的麵粉不過一袋；有人研究河水流向，製造水車，以水流帶動石磨，他只要舒舒服服地躺在床上，一天就能磨十袋麵粉。論努力，前者的努力十倍於後者，但是論成效，後者可能超過前者十倍甚至百倍。

你身邊是否也有這樣的人：在你懵懂無知，還不知道將來要做什麼的時候，他已經早早定下了目標，一步步朝著那個目標走去；當你迷迷糊糊地在社會上打轉，四處碰壁，甚至碰得頭破血流時，他卻穩紮穩打，越爬越高。你吃的苦，流的汗水、淚水比他多得多，但你們之間的鴻溝，已遠非汗水可以填平了。

曾聽過這麼一段話：「低端勤奮，不需要動腦，精疲力竭後，感動了自己，導致他們不可能提升自己，沒辦法讓自己更值錢。」不要做低水準的努力，而是要努力提高自己。真正的努力和勤奮並非流於表面，勤於思考，找準努力的方向才能獲得數倍成效。

荀子在《勸學》中也表達過，終日思索得到的，不如片刻學習得到的多；踮起腳拼命張望，不如站到高處看得遠。你的努力，如果通過適合的方式來進行，取得的成果會加倍放大。

所以，在你開始努力之前，好好思考一下，自己是不是已經用了最好的方法。如果沒有想清楚，那你不妨暫時停下來，去學習、思考。不要著急努力，學會利用周圍的一切條件，最大程度地利用它們，這樣你的付出才能換來更大的成功。

年輕人可以貧窮，但千萬不要有貧窮思維

十九世紀的第一個億萬富翁、美國石油大亨約翰．洛克菲勒說過一句話：「整天工作的人，沒有時間賺錢。」這句話乍一聽很矛盾，工作是我們重要的收入來源，按照常理來說，應該是越努力工作，收入越高，可現實真的是這樣嗎？

認識羅律師幾年來，他給我留下了深刻印象——不是在辦案，就是在去接案子的路上。他總是非常勤奮和忙碌，別的律師工作時，他也在工作；別的律師休息時，他還在工作。每次見到他都只有幾秒鐘打招呼的時間，總以「來了？等我忙完這個案子咱們吃個飯」一句話匆匆結束，但永遠也等不來他的那頓飯。

羅律師家庭條件不太好，又剛添了一個小寶寶，妻子辭職待業，全家的重擔都壓在了他的肩上。律師是眾人眼中的高薪職業，羅律師如此努力，應該收入很高，衣食無憂才對。但是，他的妻子說，家裡依舊拮据，錢都花在孩子身上了，他們小倆口好長時間沒買過一件新衣服了。

這讓我感到很奇怪，我心裡甚至有些為羅律師憤憤不平，難道真像電視劇裡演的那樣，羅律師被上面的老律師壓榨，幹活多、得錢少？我決定找他好好聊一聊。

結果再次出乎我的意料，羅律師自己就是老律師，他手底下的人都覺得跟著他不好混而申請調離，跟隨別的律師去了。一問原因，原來是羅律師太「努力」，他把一些日常的小業務都握在自己手裡，只為了那幾百塊的「文書費」。這讓他手下的律師助理們覺得自己沒有用武之地，於是紛紛離開。

最後，羅律師越忙越「努力」，越「努力」越忙，但收入還是平平無奇。從業七、八年，羅律師的薪水連翻一番都沒有實現，而與羅律師同期入職的律師們，大多都已經在自己的領域內風生水起，既減了負又增了收。

說到這裡，你大概已經看出一些門道了。為什麼羅律師這麼努力卻依然貧窮？問題其實出在羅律師身上。

作為一個擁有多年資歷的老律師，他需要做的不是事必躬親，而是學會放權，將自己的業務分門別類，讓手底下的人各司其職。這樣既滿足了其他人增加收入和追求上進的需求，也可以使自己從繁忙中解脫出來，把眼光放在擴充或打破固化資源上，做更重要的事情，讓自己獲得更多的資源和機遇。

有一個笑話：幾個乞丐在大廈前閒聊，乞丐看到出入大廈的人們很是羨慕，紛紛憧憬起來，如果有一天自己有錢了該怎麼花。甲乞丐說，一定把街口那家滷肉店包下來，吃個三天三夜；乙乞丐說，一定要打個計程車在城市裡來回轉上一整天；而丙乞丐則說，要給自己打造一個純金飯碗，用於日後乞討。

讓人啼笑皆非的話語，告訴了我們一個道理：你可以窮，但千萬不可以有貧窮思維。

網上有一句話非常流行，叫「貧窮限制了想像力」，其實限制我們想像力的不是貧窮，而是貧窮的思維模式。

貧窮思維阻礙認知

貧窮思維是淺薄而短視的，擔心露怯，擔心被超越，這會導致人故步自封，只敢在有足夠安全感的「舒適區」內活動。久而久之，圈子的穩定導致人的認知固化，於是，人猶如坐井觀天，還固執地認為天就是自己看到的那麼大。

而認知是決定一個人價值的關鍵因素，但認知很容易受到周圍環境的影響，因此培養高端和科學的認知，最重要的就是擴大自己的容器，而不是擔心自己杯子裡的水被別人吸收。

貧窮思維削弱判斷

在科技高速發展的當代，我們想要獲取資訊並不困難，困難的是我們應該如何從眾多資訊中篩選出有效資訊。貧窮思維告訴人們，陌生的、排他的都是危險的。一旦在腦子裡有了這樣的定論，人們往往就只會接受自己感性偏向的說法，在繁雜的資訊中失去判斷力，然後遭到現實倒逼，越努力越不順。

大到社會形勢，小到工作任務，將資訊整合成資源，建立「一切可用者都為我所用的」思維模式，是高效完成工作的一個必備技能。

貧窮思維毀滅勇氣

不破不立，任何一場變革都需要具備極大的勇氣。但因為窮，所以謹小慎微、畏首畏尾，為了保住不多的財富而奔忙，想的不是如何增多財富，而是只有這一點點財富，一定要守住別再失去。這樣的貧窮思維決定了一個人永遠無法踏出突破自己的那一步，只要一想到窮，理想就會從做個成功人士，變成吃飽一口飯，主觀能動性作用於客觀事物，以後的生活也就真的只能吃飽一口飯。

你沒錢，真的不是因為你不夠努力，而是因為你缺乏賺錢的思維。培養賺錢的思維不在於你認識多少優秀的人，也不在於你擁有多麼龐大的資源和背景，而是在於你的見識和是否擁有戰略性眼光。不要總是待在舒適圈，而要勇敢地跳出圈外，到外面走一走，看一看。

所以，真正厲害的人是跨學科的牛人，有更寬廣的眼界和格局，能夠在不同思維路徑上找到交會點，並且建立全新的認知座標。一個真正的商業大咖不一定是最有錢的人，但一定是可以將資源整合，擁有超前思維，敢闖敢於創新的人。

年輕的時候不要局限於穩定

某天晚上接到爸媽的電話，聊了一通家長里短之後，他們又老生常談地提起讓我回家，省得在城市漂泊無依的話題。這個話題在我們之間已經來回了好幾年，我從最初的激烈反抗，到後來的沉默應對，現在已經能心平氣和地聽他們說完。

爸媽說起鄰居阿姨的女兒小雲，說她已經是一位母親了，言語間不無羨慕之意。雖然沒有明說，但我很明白他們話裡的意思：想讓我跟小雲一樣，回家找份穩定的工作，找個人結婚，踏踏實實地過安穩的日子。

但他們不知道的是，我和小雲一直都有聯繫，她曾告訴我，這種安穩日子，她過得並不快樂。

小雲家境不錯，學習成績也好。學測後，以她的成績本來能上北部的頂級大學。但在父母的勸說之下，她最終還是選擇了家裡附近的一所普通大學，選擇了離父母近一些，不必獨自闖蕩的安穩日子。

從那天起，小雲的生活開始按部就班。畢業後考公務員，父母也早早地給她買了房。等她工作穩定後便開始相親，找的是一個家庭、工作都與她很適合的人。她的生活就彷彿一趟經過精密計算的列車，在牢固的軌道上平穩且安全地行駛著，什麼時間到達哪個網站都被安排得清清楚楚。但是，走著走著，突然有一天，她對這種一眼看得到頭的生活感到了厭煩和恐懼。在「穩定的日子」裡迷失了自己，她不知道自己該幹什麼，不知道幹什麼能產生不一樣的價值。

我很清楚她的困境，因為當初我選擇留在城市打拼之前，也認真考慮過這個問題，做出決定的根本原因就是需求得不到滿足。

我所說的需求並不是車、房、錢這些物質條件。小雲家境富裕，生活水準早已在小康以上，她也並不是缺少關愛，她家庭關係和諧，丈夫疼愛，公婆有禮。

馬斯洛需求層次理論告訴我們，人類的需求分為生理需求、安全需求、社交需求、尊重需求和自我實現需求五個層次。簡單地說，最底層的生理需求就是吃喝，其他所有的需求都是建立在吃飽穿暖的基礎上的。人只有填飽了肚子，不會挨餓，才有可能考慮更高層次的需求，比如安全需求——生活在有一定安全感的社會，或者生活中有一定的力量能夠保護自己，所處的環境中沒有混亂、恐嚇、焦躁等折磨。所有這一切，總結起來就是兩個字：穩定。

我們的父輩大多對「穩定」異乎尋常地執著，畢竟這兩個字讓他們感到安全，心裡踏實。在老家工作，每個月能穩定地拿到二萬元的薪水，生病了有家人照顧，這很安全。可如果在城市工作，就算這個月掙到了十萬，下個月也有失業的風險，租房還有被房東趕出來的可能，生了病也只能自己扛……這讓我的父母覺得沒有安全感，所以他們才一而再，再而三地讓我回老家。但是他們不知道，除了生理需求和安全需求，人還有社交需求、尊重需求和最高層次的自我實現需求。

我需要有談得來的朋友，我需要被人尊重，更重要的是，我想要實現自己的價值，得到社會的認可。這是我和爸媽衝突的所在，也是小雲迷惘的根源。

小雲骨子裡是個文藝青年，她喜歡詩歌，上學時候經常寫一些文章投稿到報紙、雜誌，有幾篇還曾被刊登出來。她的夢想是寫一本小說，這在馬斯洛需求層次裡已經屬於自我實現需求了。但她身處的環境，沒有人與她談論這些東西，也沒有人支持她的夢想。她生活安逸，每天按時上下班，時不時聚會、郊遊，這一切都在消磨她的銳氣。追逐夢想的路上荊棘遍布，在安穩的生活裡養尊處優的她承受不了這份苦楚，路的遠方是她的夢想，但她只能在路口張望，心中充滿迷茫。

如果不是需要擔心下個月的房租和飯錢，我不會常常加班到深夜；如果不是為了那套漂亮的公寓，我不會拼命學習、進步；如果不是為了在生命中留下一些我來過的痕跡，我不會時刻自律，想盡辦法往上游。為了獲得我想要的一切，我只得放棄穩定，堅守心中那一絲火光。

茨威格在《斷頭王后》裡寫道：「她那時候還太年輕，不知道所有命運贈送的禮物，早已在暗中標好了價格。」命運饋贈小雲安穩的生活的同時，也收走了她實現理想的機會。

我曾經問小雲：「如果時間可以倒流，你當初會怎麼選擇？」

小雲說，她會選擇離開家，背上行囊出去闖一闖。

那麼，你呢？

第五章

優秀的人，都是想到就做到

一個執行力強的人，
他的人生遺憾一定少很多。

優秀的人，都是想到就做到

朋友娟娟自從辭職之後，一直沒有找到新的工作。她有很多關於工作、薪水的構想，但她沒有投出一份簡歷。每天早上她想行動的時候，手都不自覺地點開了手機上的遊戲。

半年過去了，她的工作沒有半分進展。她每一天都立志要去做，去改變，但是一想到自己要面對的困難，就連投簡歷的勇氣都沒有了。

她的這種消極的態度，總是會讓我想起一句話：做，才能改變。

那些能夠超越同齡人的人，往往都有這樣一個優點：除了有遠見外，還特別能吃苦，他們的執行力往往甩同齡人幾條街。

缺乏執行力，人就會焦慮、迷茫。這樣的人會深深地陷入無力的狀態，很難從中走出來。去做，是改變人生最直接有效的方法。

記得我曾經問一個編劇界的前輩，寫劇本最重要的是什麼，他說，打開你的稿紙寫下第一行字。

當然，我知道他這是一種誇張的說法，其實他的意思就是，與其停留在空想的階段，不如把一個不那麼好的點子先落實了，在現有的基礎上有的放矢，這樣才能行之有效。一個人在舒適的環境裡待久了，無論多麼想改變，如果不去執行，最終還是很難取得大的成就。

馬雲有一句非常經典的話：你如果不做，就像「晚上想想千條路，早上起來走原路」的道理一樣。

如果不能落實到行動上，想得再好，其實也只是一句空話。所以，想要變得更好，首先得學會行動。等待、默默發力都不算準備，只有跨出第一步才算是真正意義上的執行。

我們驚歎很多因緋聞纏身而逐漸淡出人們視野的明星，在沉寂一段時間後又重新成為人們談論的話題：他們有了新的作品，人們便重新接納了他們。

事實上確實如此，與其聲嘶力竭地自證，不如拿出新的作品。

我曾經看過一部非常勵志的美國電影，電影中有一個小夥子急需工作，因為他要養家糊口。他問了很多家公司，終於得到了一個面試的機會。當對方與他談好條件後，經理突然進門了，在已經談好的條件上加了一條——希望對方會開車。

駕駛恰恰是這個小夥子的短處，可是他又不能失去這份工作。因此，當經理問他會不會開車的時候，他撒了一個謊，他告訴對方自己會開車，而且車技很好。但事實上，他連方向盤都沒有摸過。對方告訴他，四天之後複試，到時候需要他展示自己的開車技能。

小夥子答應了。

沒辦法，回到家的當天，小夥子就租了一輛舊車，在朋友的指導下開始練習開車。第二天他就開得像模像樣了。到第三天的時候，他就已經能熟練地開車上路了。到第四天參加複試的時候，公司的人看到他的駕駛姿態，以為他是一個開車的老手，便將這份工作給了他。

一流的執行者不會等待，他們會想辦法彌補自己的短處，看看哪些短處是自己當下就能彌補的。當他們面對問題的時候，他們首先會覺得那些問題就是自己的問題，要主動地、有創造性地去解決。

當然，電影中的這種狀況，是在某些極端的條件下才會產生的。現實中那些厲害的執行者，無論這件事情與自己有沒有直接關係，也無論自己的職位多麼普通，遇到問題的時候，他們都會當仁不讓地想辦法解決，主動承擔這件事的責任，而不是推卸和回避。

勇於面對困難、解決困難的人，想不成功都難。

成功的道路並不擁擠，因為主動思考和投入執行需要克服自己的惰性。在工作中，很多人就像機器人一樣，執行時很死板，被動地遵守常規。他們不願意去思考，不願意去行動，他們想讓別人成為自己的大腦，而自己只需要在別人的指揮之下，幹好分內的事情即可。

事實上，一個人只要願意主動行動，就已經超過了世界上的大多數人了。

在職場上，那些善於思考、善於發現、善於總結和有執行力的人，總是能獲得先人一步的競爭力。

那種想法很多、在行動方面大打折扣的人才會充滿焦慮。

只要你時刻圍繞「如何行動」這個路徑去思考，長此以往，即使在平凡的崗位上，也能做出有價值的創新和改變。

泰國有一個很有趣的公益廣告，講的是一個胖女孩如何改變的故事。這個胖女孩去拜神，神告訴她，每天從山下往山上擔水，只要她將山上的那口枯井灌滿即可。胖女孩開始行動，她每天都提著兩桶水，從山下提到山上，再把這兩桶水倒入枯井之中。

如此堅持了七七四十九天之後，那口枯井終於要被灌滿了。胖女孩對著井面，井水照出了她的容顏，原來，經過長時間的鍛鍊，她已經變得清瘦結實。

所以，決定人生高度的，從來不是什麼虛無縹緲的「神旨」，而是說做就做的執行力。沒有執行力，一切都是零。

正是執行力與執行力之間的差別，最終拉開了人與人之間的差距。

我曾經看到過一句很打動我的話：一個執行力強的人，他的人生遺憾一定少很多。

很多時候，沒有去做也許是害怕失敗。

但是，失敗了又如何？怕別人笑，是因為你不夠強大。坐而論道時想出一萬個可能成功的點子，都不如把一件當下能做好的事情落實。

優秀的人，都是二話不說就把事情做了的人。只要有五十％的概率，就去嘗試一下。

認知水準越低的人越固執

朋友從雪梨回國的時候，一個男性朋友問她：「雪梨是澳大利亞的首都嗎？」朋友說：「不是的，澳大利亞的首都是坎培拉。」

男性朋友大概有些羞愧，他辯解說：「在國內，大家都會這樣認為。」

朋友問男性朋友：「你為什麼會認為大家都這樣認為啊？」

男性朋友說：「反正我覺得就應該是這樣的。」

朋友一直試圖向男生解釋澳大利亞的首都是坎培拉這件事，但是他始終固執地認為應該是雪梨。就這樣，他們的這次聊天不歡而散。

一個上網搜索一下就能明白的問題，這個男生卻不願意做，他只相信自己願意相信的。這個男生缺乏常識，造成他缺乏常識的原因是他的固執和偏見。他不願意打破自己既定的認知，想法單一。

人越缺乏判斷力，就會表現得越固執。在現實生活中，你會發現，越是這樣的人，你就越難以和他們溝通。

很多人在想幫助別人時，可能會遇到這樣的情況——當你把成功的底層邏輯告訴他，甚至從各個角度幫他分析問題，提出中肯的建議時，他怎麼都聽不進去，非但聽不進去，他可能還有自己的一套理論，認為自己看到的才是真相。

最常見的就是，一個因為愛情要死要活的女孩深陷感情騙局，外人一看就知道對方在騙她，但女孩固執地認為對方是自己的真愛，受傷時就尋求朋友的幫助，一旦男孩對她再次示好，她就馬上回頭投入他的懷抱。

再比如，你不厭其煩地讓一個正在上大學的朋友少打遊戲，多學點有用的知識，實在不行，可以看看外面的世界，多增長一下見識，對自己的事業、人生格局的提升都有幫助。但是朋友卻認為文化、知識都沒有用，遇到事情還是得靠金錢、關係、運氣。你所有的建議都無法進入他的大腦，因為在他固有的認知裡，他總會固執地尋找理由，固執地放棄努力。

前一段時間，我與父母交流工作上的一件事。他們說：「你每天早上一定要早起，然後提前把主管的辦公室打掃乾淨。」

我說：「現在辦公區有專門的保潔阿姨，我去做這件事，不是搶了別人的飯碗嗎？而且，不同的人擅長的事情也不一樣，我並不擅長打掃，我擅長的是其他業務。」

當我告訴他們這個事實時，他們卻固執地認為，是因為我太懶，早上起不早，所以才找了這麼多理由。

當我把現代企業分工明確的事實說給他們聽時，他們仍然固執地認為，早上把主管的辦公室打掃乾淨會體現一個人的品格。無論我怎麼擺事實，他們都認定我不做這件事就是因為懶。

我說得口乾舌燥、氣憤難當，甚至有把電話摔掉的衝動。

冷靜下來之後，我便想：父母為什麼這麼固執地認為，多做這些我不擅長的、額外的事情，會讓我獲得主管的好感呢？

可能很大的原因就在於他們的認知。他們認為，薪水的提升並不看業績，而是看主管對你的喜歡程度。當我試圖用我在公司裡獲得的認知給他們解釋時，他們拒絕接受，始終拘囿在他們固化的認識裡，任你怎麼證明，他們都不改變自己的看法，因為他們認定自己經驗裡的那一套理論才是真理。

雖然這個世界已經變化了，他們卻還活在舊的思維裡。他們的世界是單一的，只有一種道理，完全不考慮這個世界的變化。

當一個人向下包容時，常常會出現這種情況。其實，「理解」只是一個結果，而並非過程。一個人的認知水準越低，其想法就越單一，越缺乏判斷力，人就會表現得越固執。當人能理解他人的想法，並尊重這個世界的多樣性時，他就不會表現出這樣的固執。因為他知道，這個世界有和自己不一樣的人。

這樣的「固執」，其實是「頑固」，而不是「執著」。

這種頑固並不能說明一個人堅持原則，而是表明一個人無法面對真實，無法面對不同意見。

他們非但不能面對真實的世界和不同的觀點，還會在你把這種真實的不同擺在他們面前時，表現得異常地敏感，一旦你打破他們狹隘的邊界，試圖讓他們看見更廣闊的世界時，就會遭到他們的抵制、反對和攻擊。

它甚至會演變成過分的偏執、執拗，這時就很難再進步、再成長。

一個真正優秀的人，是願意向別人、向這個世界學習的人。因為他們認識到，固執己見並不是一種優勢，從某種程度上而言，太固執己見會妨礙自己的成長，妨礙自己認識更廣闊的世界。

很多時候，恰恰是因為太過固執，阻礙了一個人良好個性的形成。太過固執往往會使人越來越偏激，越來越狹隘，越來越自閉。一個人缺少對世界多樣性的包容和透析這個世界底層邏輯的認知，會抑制自己學習、思考和接受新鮮事物的能力。

美國心理學家喬治．凱利曾經提出「個人構念論」的觀點。他說，一個人的構念是由個人過往的見識、期望、評價、思維等形成的觀念。

是的，學習的過程其實是構建一個個模型的過程，將自己曾經看到過的東西，慢慢放置在我們的大腦中。當我們構建出來的模型越來越多時，我們處理同類事情就會越來越迅速，認知疆域也會越來越遼闊。

而當一個人認知能力低下，固執己見時，腦海裡的個人構念就會趨向單一，缺乏彈性。因為固執己見，他們的腦海中長期接觸和構建的模型也只能是單一模型，在面對這個複雜的世界時，他們因為接受不了這種真實，反而會用他們固執和單一的認知去否定這種真實。

因為他們在漫長的人生裡，並沒有打開過更廣闊的世界。

其實，只有那些有勇氣見識到更廣闊世界的人，才能擁有更深刻的認知和更加完善

的交流能力。一個人只有獲得越來越多的知識和經驗，個人構念才會越豐富、飽滿。

當下的世界是複雜的、多元的，我們無法用單一的答案去解決複雜的問題。面對同樣的問題，我們不應執著於一種答案，而更應該去考慮多種途徑，從中挑選出最優答案。最簡單的就是，當我們選擇工作時，不應光看工作帶來的單一價值，還應看工作能給我們帶來什麼樣的晉升機會，以及從中我們能學到多少東西。

因為我們接觸的世界更廣闊，我們能從這個更廣闊的世界了解到的東西也就更多，我們能發現的未知領域也就更多。

這就是為什麼當一個人知道得越多時，越覺得自己無知。

當你的認知水準更高時，看到的世界也就更廣闊，你無法再被拘囿在井底，只看到洞口那樣大小的天空。你會跳出來，看到那個更廣闊的世界。

所以，當我們越認為自己的觀點沒有問題的時候，就越應該警惕，或許我們只是局限在自己的固執裡不自知而已。

捨得對自己下狠手，生活才會對你溫柔

表妹音音在微信向我上哭訴：「我好倒楣，申請博士沒過，小嵐卻過了。」小嵐是她的朋友。

我說：「這很正常啊，閉關的一年裡，小嵐對自己多狠心啊，你又沒有多麼努力。」

表妹回復了兩個字：「扎心。」她沒有否認我的話。她也承認，自己抱著某種僥倖心理，而小嵐卻認真準備了所有材料。

很多時候，人們都會覺得自己時運不濟。但其實上天是公平的，沒有多少人能擁有僅憑出身就讓別人得「紅眼綜合症」的家世，沒有多少人能輕輕鬆松找到大賺特賺、年終獎金豐厚的工作，沒有多少人能擁有買彩票就中獎、連走路都能撿到錢的好運。

大部分人都是付出什麼才有可能得到什麼的普通人。

學姐明明做任何事情都只花別人一半的時間。比如，她學義大利語，就把自己關在屋子裡，除了睡覺和吃飯，其他時間都在學習，甚至連洗澡的時候都不忘背單詞。等到會一點日常口語之後，便提著一個行李箱直接飛到義大利去，硬逼自己與當地人溝通、交流。等她再回來時，她的口語已經非常流利。短時間內就做到這樣的成績，實在是令人驚訝。

主管石總決定減肥，對普通人而言痛苦萬分的戒糖過程，她卻真的可以做到一口不吃。聚會時端上來的蛋糕於她而言仿佛毒藥，她避之唯恐不及，生日的時候也只嘗一小口，就堅決不再碰。除此之外，她還天天風雨無阻地去健身房健身，那決心仿佛只有地震、颱風、泥石流齊上陣，才能阻礙她的行動。後來，她成功地在兩個月內減重十公斤。

閨密雲雲的父親生病住院時，剛好是她晉升的關鍵時期，又恰逢房子租期臨近，她奔波兩地，一邊每天灌三杯咖啡提神，一邊在醫院跑上跑下，同時遠端處理公司事務。病房裡信號不好，她直接跑到醫生辦公室門口，蹲在地上抱著電腦開始工作，後來又用了五個小時的時間辦好退房手續、收拾打包行李、搬家，所有事情一氣呵成，一樣都沒耽誤。忙到最後，父親還是去世了，雲雲聽醫生宣布了這個消息之後，在洗手間獨自哭了三分鐘，馬上又開始補妝，收拾心情出去見了公司的ＶＩＰ客戶，幫公司簽了一個大訂單之後，才又折回醫院放聲大哭。

就像作家廖一梅在《像我這樣笨拙地活著》裡描述的一樣：「我堅信，人應該有力量，揪著自己的頭髮把自己從泥地裡拔起來。」

我覺得，這股力量就是狠勁兒。

很多人說「要對自己好一點」，他們所謂的「好」就是放縱和懶散。比如明明知道吃垃圾食品會變得肥胖，宵夜頓頓吃燒烤不健康，但寧願身體頻頻亮紅燈，也不願意出去運動；有的人寧願打遊戲打得頭昏眼花，整天與網友嘻嘻哈哈，也不願意翻一下書；有的人在飯店裡吃撐了之後，還可以輕鬆愉快地吃下一份甜品；有的人在KTV唱完歌之後，又通宵泡網吧……他們中沒有人覺得這些是痛苦的事。

真正意義上的狠，需要我們去做那種反脆弱、反人類惰性的事。

李敖說過：「不怕苦，苦半輩子；怕苦，苦一輩子。」

對自己狠，就是用主動承受痛苦的方式來與生活和解，對自己不狠，那麼生活就會對你狠。所以，與其花時間抱怨，不如想想自己為什麼只得到一個不上不下的結果。如果只是明日復明日，就會漸漸淪為平庸之人。

不對自己狠一點，你不會知道自己可以變得有多優秀；不對自己狠一點，你不會知道你蛻變之後的樣子有多美。

你現在對自己狠，總有一天會得到自己該得到的。

一開始對自己嚴格要求或許很難，但是一旦養成習慣，就會上癮。

能從泥地裡把自己拔起的人，有勇氣有決心的人，全世界都會給他讓路，這樣的人還怕不能成事嗎？

只要仔細觀察，我們會發現很多優秀的人之所以如此優秀，一是因為有常識，二是因為「反本能」。其實，做到有常識這一點很簡單，一件事的門檻低到人人都能做到，比如打遊戲、唱歌，如果我們做到了，就能證明我們優秀嗎？並不能。能令我們真正意義上變優秀的事情中，包含著一種自我克制，這種克制是我們分析常識之後的決定，蘊含著高級的理智思維。

能否擁有這種更高級的理智思維，決定了我們的人生是否比大多數自我放棄的平庸者的人生更有價值。

但是，正因為主動「反本能」太艱難，所以絕大部分人都做不到。其實，人生的很多領先優勢，就在於我們能不能做出先人一步的「反本能」選擇。一旦我們始終順應本能，無限放縱欲望，我們的人生，就會如同多米諾骨牌一般，產生一系列的連鎖反應，永遠被動地處在一種追趕命運腳步的狀態裡。

捨不得對自己下狠手，只想順應當下，看不到未來的隱患，總是依照慣性來做選擇的人，只能是平凡的大多數。

清醒地看到以後的方向，明白痛苦之後能換來什麼的人，都是在命運關鍵點上的高級決策者。他們是能運用更高級的理智思維來反抗人性本能的強者。

正因為它是如此痛苦，如此違背我們的欲望，因而也就註定了能做到這個層面的人只能占少數。

對自己狠心的人，是理智而清醒的。他們不願意做被溫水煮死的青蛙，也知道想要什麼，就要付出相應的代價。這樣的人願意努力跳起來，摘到自己能摘得的蘋果，也能找到改變自己的路徑。

他們既不會盲目地對自己狠心，也不會隨隨便便放棄，而是會理性分析怎樣才能達到目標，會判斷自己到底值不值得，會思考這件事的價值，維持付出與收益的平衡。

對自己狠的人，是更有欲望的人。因為比起暫時的快樂，他們想要的更多，所以暫時辛苦，接受延遲後的滿足。暫時不去「吃糖」，是因為他們堅信在這之後可以吃到更多的「糖」。

對自己狠心的人，是內心強大的人。他們也怕撲空，也會傷心流淚，但是如果抵抗過一路的孤獨清苦，還是失敗了的話，他們也不會就此一蹶不振，而是會很快收拾行囊上路，選擇堅持到底。

捨得對自己下狠手，生活才會對你溫柔。

成熟是從告別玻璃心開始的

最近幾年，常聽到有人提及「鈍感力」一詞，很多人喜歡把大大咧咧的人說成有鈍感力的人，把敏感的人形容為玻璃心。有鈍感力的人常常聽不出對方的潛臺詞，更有甚者或許還會配合對方呵呵傻笑，俗稱「心大」。而敏感的人往往擁有一顆玻璃心，不管別人說什麼，都可以對號入座到自己身上，無時無刻不在想像別人是如何評價自己的。

我的朋友苗苗就是一個這樣的人。同事經過她工位時多看了她兩眼，她就忍不住想：難道自己今天腮紅塗得太紅，粉底抹得太厚？越想越渾身不自在。她給男朋友發消息，在加班的男朋友回覆之前，她可能已經在大腦中想出長達三十集肥皂劇的內容了。別人跟她開了一個玩笑，她就覺得別人是在變著法地詆毀自己，從此繞對方而行，對方心裡想：我就是隨口說說，你也隨便聽聽，沒想到還當真了。

她自己也承認，在很多事情上，她有那麼一點「玻璃心」。

有玻璃心的人敏感、自我、易碎，常常把別人的心思按照自己的邏輯揣度變形，一點風吹草動都會被他們無限誇大、擴散，任何委屈、無心之失都可能成為他們的致命傷，隨之而來的是你意想不到的應激反應。

其實，這種敏感並不會傷害到別人，真正傷害的還是她們自己。甚至有時候，她們都已經傷心難過了，別人卻一臉無辜，不明白自己到底做錯了什麼。

苗苗有時候也會忍不住自我辯解：你說我玻璃心，但是道理誰都知道，事情沒落到你頭上，你當然站著說話不腰疼，要是你真遇到，說不定早就哭天喊地了。

我告訴她，與其處理情緒，不如處理問題。

就我的觀察而言，每個人多多少少都會有脆弱的時候，只不過不同的人的敏感點、底線不同而已。哪怕是表面成熟穩重的成年人，在不順遂、被擠對、遭受冷眼的時候，也可能變得脆弱，這樣的情緒波動是正常的。可是，過度敏感的人無法處理情緒的垃圾，他們把事情過分放大，花大量的時間反覆舔舐同一個傷口，明明有更好的處理方式，卻因為反覆糾結自己的情緒和對方的態度，忽略問題的本質，不去找解決問題的方法。

之所以會這樣，往往是因為他們擁有與自身實力不匹配的自尊心。所以，當得到外界對本人真實的反應，紙糊的自尊心被戳破時，便會產生強烈的落差感，覺得受到了很大的傷害。他們往往也無法擁有太多自信心和安全感，所以常常擁有糟糕而極端的人際關係。他們既像含羞草，一碰就把自己合攏成一團，反應過激，嚇壞旁人，又像不敢踏出洞穴的羊，認為外面的世界危險得要命，於是越發封閉自己的內心，顧影自憐，獨來獨往，以為這樣就不會被傷害。

有人說，這世上沒有人能傷害你，除非你自己允許。而人的煩惱，百分之八十都來源於自身，是自己的敏感、脆弱、糾結在反復傷害自己。

人們說世界上最大的敵人是自己，我覺得世界上最大的幫手也是自己。

之所以會脆弱敏感，是因為我們依賴外界的評價而活。當外界的評價好時，我們就覺得很快樂；當外界的評價不好時，我們就覺得很痛苦。

被人讚美，就得意洋洋；被人枉言，就憤慨難忍。用慣性的尺規去衡量自己的價值，自己的喜怒哀樂都被別人左右，便從來不得安寧，愁工作、愁生活、愁名利。

真正的原因還在於，你有沒有一套完整的、屬於自己的價值體系。當一個人能篤定地判斷一件事的時候，他才會有知行合一的能力，才能把外界的褒貶統統淨化、吸收，撥開迷霧看到真正意義上的自我。

所以，真正意義上的成熟是從告別玻璃心開始的。

那些擁有極高抗打擊能力的人，不願意把時間和精力浪費在他人身上，是因為擁有篤定、清晰的價值標準。這是一個人成熟的前提。他們更懂得用理性思維戰勝感性思維，更願意通過每一次的教訓來提高自己的承受能力，總結經驗，從而提升技能，爭取下一次不再受到同樣的傷害。

在這個行色匆匆的世界裡，沒有誰一定要圍著誰轉、一定要照顧誰的臉色和心情。從某種程度上來說，你越好欺負，別人就越想著如何欺負你。**有實力的人才能贏得更多的尊重，沒有相匹配的實力，自尊心不值一提。與其生別人的氣，不如想辦法不斷進步、增強實力，等到實力足夠時，對方自然對你另眼相待。因為自尊都是靠自己努力獲得的，而不是靠自己強撐或者別人照顧給予的。**

人們變強大的過程就是堅定內核、強化實力的過程，也是「任憑萬箭穿心，仍百毒不侵」的過程，只有狠心地將自己的玻璃心不斷切割打磨，得到一顆八心八箭的「鑽石心」，才是真正意義上的成熟。

是的，成熟並不意味著抹除情緒，對什麼都持無所謂的態度，真正成熟的人在面對自己的敏感和脆弱時，不會一味地否定和排斥，而是感受它、接納它，並且轉化它。

告別玻璃心，是為了更好地接納自己敏感的情緒。心思敏感細膩的人容易受傷崩潰，自然也易於感動，倘若對方稍微對他們好一些，他們就會銘記於心並加倍償還。他們也更能捕捉他人真實的內心及其不易被覺察的細微表現。如果能把玻璃心的劣勢，轉化為同理心的優勢，以「敏感」體諒對方，用細心感動對方，把以自我為中心改成照顧他人情緒，把玻璃心變成共情，則不失為人際關係中的巨大優勢。

真正的安全感，是對生活的掌控感

在伍爾夫的書中，我看到了一段話：「一筆固定的收入竟可以讓人的脾性發生這麼大的變化。這世界上沒有任何力量可以從我這兒把那五百英鎊搶去。衣食寓所將永遠屬於我。如此一來，消失的不僅僅是辛苦與操勞，連同憤恨與酸楚也一併無影無蹤了。」

這段話令我印象深刻，深深地擊中了當年還不算成熟的我的心，它令我意識到，在那個時代，一個女性主動參與社會勞動，靠自己養活自己，給人帶來的精神力量到底有多重要。

我想起了朋友小C，她兩年前迷戀上了手機遊戲，辭職在家，每天都玩遊戲，當然，還有瘋狂網購。

一開始還好，時間久了，她就有些焦慮。不玩遊戲的時間裡，她常常胡思亂想，比如：男朋友離開自己該怎麼辦？自己沒有任何技能該怎麼辦？但是遊戲就像精神鴉片一樣充斥著她乏味的人生。有時候，明知道自己不該沉淪下去，但是出於對現實的逃避，她又點開了遊戲介面，在遊戲裡醉生夢死，尋求忘記煩惱的方式。

她越來越空虛，也越來越缺乏安全感。她開始給男朋友打電話「查崗」。只要寂寞的時候，她就打電話給男朋友，一開始還好，但久了男朋友也有些煩了。只要對方流露出一點不耐煩的情緒，她就會為此感到非常難受。她說：「越是這樣的時候，男朋友就越應該體諒我，越應該給我安全感，為什麼他全然不像書上寫的那樣？」

不光是她，很多年輕的女孩都覺得，在一段親密關係裡，應該給彼此安全感。但可惜的是，她們的安全感僅僅停留在對方應該提供給自己足夠的物質支持這種膚淺的層面上。在她們年輕的生命裡，享受愛情、享受生活是當下最重要的事情。

事實卻是，真正意義上的安全感，來源於你對生活的掌控。有能力，你才有底氣。一個在潛意識裡覺得自己不害怕被拋棄的人，就不會對伴侶有過分的要求，也不會把對方捆綁到窒息的程度。

很多時候，那些我們以為萬能的感情並不能將我們從生活的泥淖之中拯救出來。

有人說，錢買不來真正的愛情，但可以買來愛情的替代品。我們想要的安全感，不在愛裡，而在我們自己。我們只有先獨立，才會懂得什麼是愛。

這個看起來簡單的道理，做起來卻一點都不簡單。我仔細觀察過，發現導致這個結果最重要的兩個原因：一是我們的惰性，就像我一個朋友說過的那樣，能躺著，就決不想努力；二是我們看不清前途上的險灘，總以為當下就是一切，無法未雨綢繆，預想到明天的困惑。

找一個有車、有房、有前途的人嫁了，就可以不用活得那麼辛苦，也能有美好的明天，幹得好不如嫁得好等等，類似的話成了很多人自我安慰的藉口。

這樣的人生，又怎麼會有安全感呢？

「當女人，應該輕鬆地活著」是一劑麻醉藥，貪圖它帶來的一時的快樂，可以讓人忘記痛苦和煩惱。可是時間久了，你會發現自己的內心是空虛匱乏的，不論如何自我安慰，都還是會牽動自己潛意識中不安和焦慮的那根弦。當麻醉效果過去之後，它會讓你的身心遭受雙重折磨與內耗，焦慮、恐慌、痛苦會接二連三地席捲而來。

在生活中，我們可能會遇到泥淖，深陷其中的我們與其和它對抗，不如與它和解。如果這時只有掙錢才能讓我們有片刻喘息機會的話，那就好好掙錢，做一個靠自己滿足自己的強者。

主動付出，才不會被迫吃苦。

主動變強，是一條布滿荊棘的道路。成年人的世界裡沒有人能活得輕鬆，如果你覺得活得輕鬆，可能是因為別人替你承擔了那份痛苦。

單純地想要用一場真誠的愛情來換取一切，更像是一種投機取巧或者說是偷換概念。我們接受了太多關於愛的美好教育，但真正意義上的愛，其實非常奢侈。世俗意義上的愛，如小C一般，以愛的名義捆綁他人，向他人索取安全感，實際上是以愛的名義行兇。

在這個世界上，想得到理想的資源，要經過很多令人難堪的、虛偽的、真實的、痛苦的考驗，才能終有所得。

我們需要清醒地認識這個世界的底層邏輯：真正的平淡，只有通過戰鬥才能獲得；踏上真正的坦途之前，必先披荊斬棘；不去險峰，就不會理解什麼是真正的平靜。

真實的世界沒有所謂的避難所，承認生活的艱難才不會寄希望於他人。成功從來都不會從天而降，破繭成蝶的過程總是痛苦的。越想要逃避戰鬥，越會被焦慮和恐懼綁架。現在努力還來得及，拖得太久或許會病入膏肓。

只有擺脫所有自我逃避的藉口，下決心自我奮鬥，才能從源頭上擺脫被世界拋棄的命運。

如何自我成長，是每個有夢想的人的必修課。弄懂了世界本質的人，一生都在學習成長。

努力解決問題，擺脫困難，增加經驗。這是生命厚度和幸福感的來源，只有不斷超越自己的人，才會憑藉豐富的人生積累找到那份從容的自信。

每個人都有價值，不要小瞧任何人

黃渤是我最喜歡的男演員。從《瘋狂的石頭》到《瘋狂的賽車》，再到《鬥牛》、《殺生》，無一不是小人物式的嬉笑怒罵和酸甜苦辣。他沒有出演過蓋世英雄，沒有扮過英俊瀟灑的美少年，也沒有演繹過功敗垂成的帝王將相。從出道到巔峰，他演繹的都是普通人的生活，把普通人的劫難當成自己在演藝界的渡劫，在一次次渡劫當中，不斷飛升，最終成就了一代影帝的傳奇。

英雄有英雄的悲劇，小人物也有小人物的傳奇。把不起眼的事情做到極致就是一件不簡單的事。所以，沒有誰天生就是主角，也沒有人註定就是小人物。在合適的時機發揮恰如其分的作用，你今後的人生就不會普通。

子琪和老公在離家鄉很遠的城市工作，結了婚之後就在工作的城市定居了。因此雙方沒什麼機會與彼此的親戚接觸，相互之間不太熟悉，更談不上了解。

某天，老公的表妹忽然添加子琪的微信。子琪一向對親戚禮貌有加，這位表妹又比子琪大一歲，子琪擔心怠慢了，所以一看到資訊就立刻通過了好友申請。沒想到，表妹上來就教子琪做人，說子琪上班不專心，肯定在玩手機，所以才通過得那麼快。

子琪還沒來得及解釋，表妹又發來一堆文字，讓子琪不要整天在外面吃飯，有空的時候學著做菜，在家裡吃飯怎麼都比在外面吃更健康等等。語氣中充滿了告誡意味，要是不提前知道她的身分，還以為是家裡的長輩在訓話。

子琪沒有當回事，想著禮貌應付一下就過去了。可沒想到，沒過幾天，表妹又發來資訊，告訴子琪買菜不要去超市，要去菜市場，菜市場的菜既新鮮又便宜。字裡行間還是和上次一樣的訓話語氣，一副「別人都無知，只有我什麼都懂」的姿態。這次子琪沒有再忍，直接反駁了她。但是，表妹似乎沒有感覺到子琪的不快，依舊自說自話，「教導」子琪。

幾個月後，子琪回家過年，在親戚面前露了一手。這位表妹才知道，子琪上小學就開始自己煮東西吃。對於做菜，子琪有著自己的一套方法，改善了家鄉重油重鹽的習慣，加入了自己對食材的理解，做出來的菜既美味又健康，所有人都讚不絕口。

這下表妹徹底無話可說，只能在人群中頂著一個大紅臉，尷尬至極。自那以後，表妹再也不敢在子琪面前亂說話了。

因為帶有偏見，在不了解真實情況時就先入為主地忽略別人的價值，這不僅是對別人的不尊重，也是對自己的不負責。

以貌取人是非常愚蠢的行為。穿著關乎人的審美，但不關乎人的品質。大學裡的保安可以通過自己的努力考上名校研究生，掃地的大爺曾是保家衛國的英雄，快遞員也有可能是為自己賺取學費的「天之驕子」。這些人看起來只是城市裡不起眼的角色，衣著樸素，長相一般，但在背後他們有我們想不到的重要價值。

同樣的道理，以學歷的高低或者出身貧富為依據來評判別人也並不客觀。很多不識字的農婦能把家中的帳目管理得井井有條，只上過小學的街邊攤販可能養活了一個家，大山裡的孩子往往比城市裡的同齡人堅強、獨立。他們可能並沒有學過多少知識，也沒有多少財富，但生活造就了他們身上的獨特價值，任何人都無法輕視。

存在即合理，來到世界上的每個人都有自己的價值。聰明的你不要小瞧任何一個人。去和智者談話，和農民學耕，和老人散步，和孩子奔跑，和商人交流，和僧侶唱經……終有一天你會發現，身邊的人，是最好的老師。

你真正的能量，就在你平和的心態裡

十多年前大火的電視劇《士兵突擊》裡，有一個讓人印象深刻的角色——Ａ大隊成員吳哲，除了高大帥氣的外表和光電學碩士的光環，他最讓人喜愛的就是那句口頭禪：平常心、平常心。一個幾近完美的人物，對所有好與不好的事情都能夠保持平和的心態，不大悲、不狂喜，給吳哲這個人物增添了一股獨特的人格魅力，使他成了全劇的一大亮點，甚至比主角還要討喜。

楊絳先生曾說：「上蒼不會讓所有幸福集中到某個人身上，得到愛情未必擁有金錢；擁有金錢未必得到快樂；得到快樂未必擁有健康；擁有健康未必一切都會如願以償。保持知足常樂的心態才是淬煉心智、淨化心靈的最佳途徑。一切快樂的享受都屬於精神，這種快樂把忍受變為享受，是精神對於物質的勝利，這便是人生哲學。」

前人早已把道理講得清楚明白。「萬事如意」只是一句美好祝願，在命運面前你我都一樣束手無策。時間不會因為你的苦惱而變短，苦惱也不會因為你的煎熬而變少，與其哀怨，不如平和一些，順其自然。

我的同學畢業之後就考入老家的事業單位，出身不錯，工作不錯，加上長得漂亮，早早就遇到合適的另一半，現在他們的孩子都上小學了。她有房有車，在那個小城市裡，她的日子過得比我這個顛沛流離的北漂不知道好多少倍。

可是她好像並不這麼認為，隔三差五給我打電話抱怨。從工作不順利到同事性格不好，從丈夫不體貼到孩子學習差，從生活中的瑣碎矛盾到婆媳間的衝突……無一順心。我也習慣了當她的「垃圾桶」，雖然每次都會寬慰她，但寬慰只是寬慰，連頭疼醫頭、腳疼醫腳都做不到，何談能讓她擺脫困境？

直到最近讀了一些心理學方面的書籍，我才發現她所有的困擾其實都有一個相同的源頭。絕大多數的委屈、焦慮和憤怒等負面情緒，都是源自人潛意識中的不安全感。很多時候，我們意識不到自己潛意識的變化，當我們受到一些外界刺激時，自我保護機制開始運轉，於是種種負面情緒滾滾而來。

周圍大多數人都有過這樣的經歷，當壓力很大時，會變得極其敏感，有人因此變成「炸藥桶」，一點就著；有人變成蝸牛，把自己縮進殼裡；還有人像我的同學一樣，找個「垃圾桶」，拼命倒垃圾……

我也曾有過這樣的時候，加班後到酒吧用酒精麻痹神經，只為了短暫地切斷與工作的聯繫。我也曾迷戀一個人旅遊的感覺，因為那可以讓我逃離平時的生活圈子，但即使身處幽靜的深山，潛入蔚藍的海底，或是徜徉在古老的遺跡中，該面對的事情也一點沒有減少。幾天的逃離之後終歸要回歸生活，我還是原來的我，工作還是原來的工作，壓力還是原來的壓力。

我漸漸明白，自己所做的這些都只不過是在逃避，而逃避的結果，要麼拖延，要麼只是換個地方重蹈覆轍。只有內心的平和才能給自己帶來面對這紛紛擾擾的世界的能量。

春有朝花秋有露，夏有涼風冬有雪。心頭若無煩心事，便是人間自在天。是的，不安全感、煩惱其實都源自內心的不夠強大。當你能坦然接納自己的不完美時，就將會在平和中孕育強大的能量，來彌補現實中的不完美。

朋友在沒有成為暢銷書作家之前，其實是一個小職員。平時別人聚餐搞關係，而她最喜歡的就是窩在家裡用電腦抄書。對，你沒有看錯，不是讀書，而是抄書。她幾乎讀遍了你說得出的名著，只是在無事可做的那段時間裡，焦慮折磨得她痛不欲生，於是她突發奇想，在電腦上把自己所讀過的名著一句一句地全部抄寫了一遍。

她說，開始只是緩解焦慮引起的失眠症，後來，她覺得抄書很有意思，而且在抄書之後，自己的心態越來越平和。平時那些看不慣的職場爭鬥，也覺得習以為常，甚至不會因為芝麻大小的得失而斤斤計較。後來，她發現自己寫作能力大大提升，一篇美文可以信手拈來。她根本不需要翻書，就知道哪個橋段出自哪本書，哪一句話來源於什麼場景。後來，她的小說在網上走紅。她的小說以語言淒美著稱，實際上都得益於那段時間的抄書。

平和不代表平庸，正如我們所推崇的中庸之道，中不偏，庸不易，以客觀的角度去看待一切不完美。在實踐中努力積累，在平和中成就燦爛，從而進化成不平凡的自己。

第六章

懂得自律，才能獲得真正的自由

做一個自律的人，
你會發現生活將不再束縛你。

懂得自律，才能獲得真正的自由

二十世紀六十年代，著名心理學家蜜雪兒在斯坦福大學的某幼稚園進行了這樣一個實驗。一群兒童依次走進一個空蕩蕩的房間，研究者給每個孩子都發了一顆糖，並告訴孩子，誰能在他回來時還沒把這顆糖吃掉，就可以得到另外一顆糖作為獎勵，但如果在他回來之前吃掉了糖，就沒有獎勵。

結果發現，有些孩子沒能控制住自己，把糖吃掉了。而另外一些孩子則堅持等到研究者回來，得到了兩顆糖。研究者把這些孩子分成兩組：能夠抵擋住誘惑堅持下來得到兩顆糖的孩子和不能堅持下來只得到一顆糖的孩子，並對他們進行了長期的跟蹤調查。

十幾年後，研究者發現，那些只得到一顆糖的孩子普遍沒有得到兩顆糖的孩子取得的成就大。這說明，缺乏自控力的孩子成功概率偏低，而那些能很好地控制自己的孩子能擁有更好的人生。

朋友決定要考研，為了表示自己的決心，她卸載了抖音、微博以及各種娛樂軟體等。就在大家都以為她這次是認真的之後，我在一次聚會上遇見了她。我問她考研準備得如何，結果她大倒苦水，說數學太難，英語單詞記住不到三天又忘了，還抱怨朋友們上次露營沒有喊她……後來的各種聚餐、郊遊她是逢叫必到，從不缺席，可結束了她又說別人誘惑她，讓她不能專心備考。

自律的人才能真正獲得自由。自律不等於放棄選擇，而是有所針對性地選擇。有些天天喊著追求自由的人，其實並沒有真正做選擇，而是隨波逐流毫無目的地得過且過。

熬夜看電視劇、泡酒吧、逛夜店、睡懶覺、大吃……這些事情很難嗎？一點都不難，只要有錢、有時間，誰都能做到。但那些自律的人能到做的事情，普通人就未必可以做到了。

一個天天健身的人和一個常年疏於鍛鍊的人，同樣是出去遊玩、泡夜店，但他們能感受到的樂趣是完全不一樣的。一個身體矯健，能夠爬到高山頂峰欣賞壯麗美景；一個只能駐足山腳，拍幾張照片表示到此一遊。一個在言行上嚴格律已的人，可以去夜店玩得痛快，也能在正式場合舉止大方，而一個放縱的人便難登大雅之堂。

自律是對自我身心的一種修煉，是對自我天性的一種約束。人的天性就是好逸惡勞，如果一味屈從於自己的天性，人生也就失去了意義。

三十六歲的球星C羅（克利斯蒂亞諾．羅納爾多）依然保持著二十多歲時的身體狀態。三十歲，對足球運動員來說，已經開始走下坡路，而C羅在三十歲以後卻比之前更具活力，五座金球獎獎盃加身，成為當今足壇的超級明星。

C羅在十幾年前體脂率是百分之七，十幾年間始終保持不變。他每天最少花一個小時鍛鍊腰腹肌肉，日常的飲食是全麥麵包、雞胸肉、沙拉和白水。他該放鬆時會放鬆，也吃一些想吃的美食，跟家人朋友在一起的時候也會玩得很晚，但在大部分時間裡，他都十分自律。

自由和自律的關係，就好比風箏和線，看似風箏被線牽制住了，可正因為有了線，風箏才會越飛越高，如果沒有了自律這根線，自由的風箏終將墜落。

自律才是最好的生活狀態，只有自律的人才能更好地掌控自己的生活和工作，這種「一切皆在掌控之中」的安全感能讓人獲得真正意義上的自由。

美國心理學家羅伊．鮑邁斯特在他與別人合著的《意志力：關於專注、自控與效率的心理學》一書中寫道：「最主要的個人問題和社會問題，核心都在於缺乏自我控制……」而斯科特．派克在《少有人走的路：心智成熟的旅程》中表示：「自律是解決人生問題最主要的工具，也是消除人生痛苦最重要的方法。」

做一個自律的人，勇敢對抗懶惰、貪吃、逃避的本能，跳出DNA給你制定的規則，成為人生規則的制定者。正因為你自己不完美，所以才要去努力改變。不要花大把時間在逃避、懶惰、怨天尤人上，與自己和解，面對現實，承擔起自己的責任。

做一個自律的人，不要碌碌無為地過一生，不要甘於平庸慘澹，給自己制訂一個可以實現的計畫，一項一項努力去實現。當你都做到了時，就成了一個自律的人。

做一個自律的人，你會發現生活將不再束縛你，而你將擁有真正的自由。

加班，有時是效率低的一種表現

約伯斯曾說過這樣一句話：「專注和簡單是成功的祕訣。」在我看來，這句話的意思是做任何事都要保持專注、拼盡全力，工作時全力以赴，閒暇時縱情忘我。

工作時全力以赴很容易理解，智力和社會關係相同的情況下，一個人全力以赴，另一個人三天打魚，兩天晒網，當然是前者的工作和學習成績更優秀。那閒暇時縱情忘我又是怎麼回事？成功怎麼和玩扯上關係了？

人能夠承受的壓力是有極限的，一旦超過這個極限，人的身體和精神就會崩潰。所以，對人來說，玩樂是非常有必要的活動。人可以通過玩樂來釋放壓力，就如同打拳一樣，工作時出拳，把氣力用盡；玩樂時收拳，積蓄力量，準備下一次打拳。

小白是我曾經的同事，她每天上班時，第一件事就是打開網頁，流覽當天的各種八卦新聞或者戴上耳機聽音樂，磨磨蹭蹭地過了十點才開始工作，幹不了多長時間就該吃午飯了。不過小白磨蹭歸磨蹭，每天的工作倒是能完成，上班時間拖沓，她就加班，甚至經常把工作帶回家做。

好幾次同事組織聚會喊小白一起參加，她卻總是因為加班而沒時間參加。上班的時候，大家都在埋頭苦幹，她卻優哉遊哉；下班之後，同事玩得不亦樂乎，她卻忙得暈頭轉向，甚至連睡眠時間都無法保證，兩者簡直形成了鮮明的對比。但小白還很得意，她覺得自己這是「閒人之所忙，忙人之所閒」，反正忙和閒的總量都是守恆的，一邊工作一邊玩也挺好。

這話乍一聽很有道理，可仔細一想就不是那麼回事了。一邊工作一邊玩，先不說能不能完成工作，工作的品質肯定沒有那些全力以赴的人做得好。玩的時候，別人可以縱情忘我，把工作的煩惱全都拋開，回到家舒舒服服地洗澡、看電視劇、玩遊戲，小白卻還要繼續工作。別人白天神經緊繃，到了晚上得到了充分的放鬆，第二天又能夠活力滿滿。小白的神經雖然沒有繃得那麼緊，但也一直處於壓力狀態，永遠得不到放鬆。

愛因斯坦說過：「一個人只有以他全部的力量和精力致力於某一事業，才能真正地獲得成功！」養成對工作全力以赴的習慣後，就像找到了一把打開成功之門的鑰匙。**因為當你以全力以赴的態度去做事情的時候，你的全部精力和力量都集中到了一起，就像**

一把鋒利的匕首，能刺破任何困難和阻撓；但如果你不夠投入，在真正的困難面前，很有可能會一敗塗地。

一個知名網路作家每天能更新八千字，高峰期時甚至每天保持更新一萬五千字，超過了百分之九十九點九九的同行。有人問他一天更新八千字到底是怎麼做到的，他說也沒什麼，只是自己做到了全力以赴。每天寫作的時候，他不打開網路，不聽音樂，不接任何來電。只要是在工作，就自動遮罩所有無關的人和事。而一旦他的寫作完成，閒暇時分，他又會比誰都玩得帶勁，簡直到了縱情忘我的程度。

工作和閒暇，分屬不同的時間段，閒暇時間就要玩得痛快，這樣才能讓神經徹底放鬆，徹底趕走工作時的疲憊。

李大釗的女兒李星華在《我的爸爸》裡寫過：「小孩子做什麼事情都不能三心二意，要學就學個踏實，要玩就玩個痛快。」這句話對成年人同樣適用，全力以赴是一種優秀的工作品質，不惜力，能吃苦，能堅持，所以變得優秀。工作時你全力投入，不為他事分心，就會千方百計找辦法來實現目標；閒暇時你縱情忘我，就會讓自己徹底放鬆，幸福滿滿。所以一個邊玩邊工作的人，難以體會全力以赴地投入工作的那種踏實和充實感，更加無法體會徹底放下工作和壓力的輕鬆感。

全力以赴地工作，雖說過程會很辛苦，但如果我們以這種態度對待它，就會發現原本以為難以辦到的事情、難以完成的任務其實並沒有那麼難。縱情忘我地玩樂，徹底放鬆身心，時刻讓身體和精神保持在最佳狀態，不因為壓力而崩潰。

全力以赴地投入，一切精益求精，追求完美，不要給自己的懶惰找藉口，不要拖延，只有保持這樣的精神狀態，才會有源源不斷的動力，才能創造出更好的生活，享受更好的閒暇時光。

為什麼你連早睡早起都做不到

越來越多的人患上了「睡前拖延症」。

下班後，拖著疲憊的身體回到家，明明很想洗個熱水澡，一身清爽地躺進被窩睡個好覺，但雙腳像是被灌了鉛，只想躺著。「癱」在沙發上一會兒在微信上和朋友聊聊天，一會兒打開電視看新聞，一會兒拿起雜誌翻幾頁。拖到不得不起身時，才掙扎著起身走向浴室，溫熱的水流撫慰了一天的疲憊，明明二十分鐘就能洗完的澡，哼著小曲慢慢沖，又過去一個小時。原本十分鐘就能吹乾頭髮上床睡覺，結果做個面膜、挑個衣服，中間再打開網頁，看看八卦，一個小時又過去了。待一切完成躺到床上時，時間已經遠遠超過既定的睡覺時間。

但即便時間已經很晚了，還是想再玩一會兒手機，再睏都得「堅持」玩一會兒，這是睡前的必備「功課」。好不容易進入夢鄉，還沒安睡多久，鬧鈴就開始催促起床，一遍一遍地關掉，每分鐘每分鐘地拖延，終於在瀕臨遲到前匆忙趕到公司，因為來不及買早飯，只得啃幾口昨天剩下的麵包填肚子。接下來，帶著混沌的大腦和黑眼圈投入一天的工作，還沒到中午，身體卻已經被調到了「午睡模式」。於是不得不往空蕩蕩的胃裡灌入一大杯咖啡，才能強撐到下班。好不容易回到家，終於可以躺下了，卻又重複前一晚的行為。

這是很多人的真實寫照：晚睡晚起→忽略早餐→疲憊一天→重複昨日。於是每天都在「晚上睡不著，早上起不來，中午後悔前一天晚睡」的過程中糾結掙扎，越掙扎越焦慮，越焦慮晚上越睡不著。惡性循環的後果就是把人帶入無窮無盡的負能量中，猶如陷入沼澤地裡，生命的活力一點點被消耗殆盡。

我曾經也有過這樣的階段。生活陷入低谷，愈發頹喪，於是以解壓為由，一躺到床上就開始漫無目的地玩手機，看看這個軟體，翻翻那個網頁，一小時眨眼間就過去了，等我意識到該睡覺時，已經是凌晨二點了。睡眠不足，第二天自然無法早起，伴隨著噩夢睡到中午，掙扎著起床後頭昏腦漲，口舌發苦，喝口水都困難。

每到這個時候，我看著窗外刺眼的眼光，就愈發覺得生活無望，只想躲進黑暗裡，任焦慮在內心瘋狂加劇。

半年後，我的狀態更差了，面色枯黃，滿臉長痘，明明吃不下多少東西，體重卻不停地往上漲。更可怕的是，我無法集中注意力寫作，沒有靈感，腦袋裡空空如也，有時候看著過去發表過的文章，陌生得似乎不是我自己寫的。

眼看提款卡裡的餘額越來越少，文檔上卻空無一字，我慌了，大哭一頓以後決定和自己「開戰」。

清醒後我整理了思路，發現問題的根源就在晚睡晚起上。

為了讓自己在晚上十一點前睡著，我嘗試了喝牛奶、喝紅酒、喝中藥、點香薰、吃睡眠片、劇烈運動等辦法，終於在一個月內成功調整了自己的生物鐘，從凌晨二點睡覺、中午十二點起床，調整成晚上十一點睡覺、早上八點起床。

這時我發現，我原來的狀態又回來了，每天早上吃完早餐之後，坐在電腦前文思如泉湧。下午疲憊的時候出門運動一個小時，晚上安靜地看看書、聽聽歌，很容易就有了睏意，第二天醒來又能充滿活力。

我不再焦慮和絕望，也不再有想隨時發脾氣或痛哭的負面情緒，而丟掉這一切的辦法只不過是堅持早睡早起。

日本厚生勞動省的研究小組證實：與經常熬夜的人相比，早睡早起的人精神壓力較小，精神健康程度較高。分析結果表明，人體激素分早晨型和夜晚型兩種，皮質醇是早晨型激素的代表，起著分散壓力的作用。早睡早起者唾液中的皮質醇指標較低，他們的精神抑鬱度也較低。

心理健康和身體健康密不可分，早睡早起正是在增強身體健康的基礎上，促進了心理健康。

這些事實如果能夠給你一些觸動，就說明你已經有了徹底改變的勇氣。那麼，就從今晚開始早睡，多一個小時的睡眠，就多一份精力；從明早開始早起，多一個小時清醒，就多一種可能。如果連早睡早起都做不到，還談什麼未來？

不熬夜，才能做斜槓青年

「斜槓青年」是來源於英文slash（斜線、斜槓的意思）的一個新概念。出自《紐約時報》專欄作家麥瑞克．阿爾伯撰寫的書籍《雙重職業》，指的是一群不再滿足「專一職業和身分」，通過學習和嘗試，進入不同的職業，擁有不同的身分，在自我介紹時通過斜槓隔開的方式來區分自己不同的職業和身分的人。

在我看來，斜槓青年的本質，是擁有多種技能。

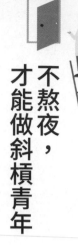

如果有一天你也成為斜槓青年，擁有了多種過硬技能，那麼還會擔心失業嗎？這一行不景氣可以做那一行，這一行做得不開心也可以換那一行，只要你願意，在眾多技能中挑出一項，就可以隨時更換工作，隨時進入不同的身分，而且每一個選項帶來的收穫都不會太差。

不知從什麼時候起，夜晚成了紙醉金迷的代名詞。我們生在高速發展的時代本是一種好運，但很多人卻在這樣的大環境下拼命放縱自己，天一擦黑就開始尋找各種好玩的事情，ＫＴＶ、酒吧、燒烤攤等，再不濟，也能在家玩電腦和手機放鬆心情。對有些人來說，深夜一點睡是正常，二點睡是還好，三點睡是略晚，四點睡才是真正的晚睡。於是，「熬最深的夜，敷最貴的面膜」、「瘋狂要趁晚，我們天亮見」等酷炫宣言應運而生，彷彿不熬夜玩樂，就辜負了青春和人生。

可是你有沒有想過，在你熬夜狂歡的同時，有大把的同齡人遵循著科學作息，用有限的時間創造無限的可能。熬夜熬光了你的精氣神，自律的人卻成了斜槓青年，究竟是誰辜負了人生呢？

不熬夜讓你精力充沛

熬夜對人體的傷害非常大：第一，長期睡眠不足帶來的神經衰弱讓人精神渙散，無法集中注意力；第二，長期熬夜讓人焦慮、易怒、健忘和神經質，沒有好心情，自然也不會有好身體；第三，熬夜讓腸胃功能失調，越沒胃口越喜歡吃油鹽重口的食物，越吃這些食物腸胃功能越差，惡性循環的後果是腰上的「游泳圈」越來越粗，爬三樓都氣喘吁吁；第四，熬夜阻礙肝膽排毒，夜生活太精彩的結果就是粉刺、痤瘡和暗沉一點點爬上臉頰，讓人越來越醜。

以上幾點的反面就是不熬夜帶給人的好處。科學、健康的作息能鍛造好的體魄。有了革命的本錢，才能讓人時刻保持精力充沛。

不熬夜讓你意志堅定

我們常常把面對目標勇往直前、遭遇挫折不屈不撓的人定義為意志堅定的人。喜歡熬夜的人，本質上是內心空虛、畏難不前的人。

在他們的世界裡，黑夜不只可以用來休息，還能用來隱藏他們內心的逃避和脆弱。畢竟除了夜晚，他們能掌控的時間並不多。

魯迅先生說過，真正的勇士，敢於面對慘澹的人生。戒掉熬夜，該休息的時候就休息，不貪戀那一點對夜晚的自由掌控，你將能掌控你的整個人生。

每當控制不住想熬夜的時候，就想一想自己的夢想，找一找內心尚未熄滅的火焰，做一個意志堅定的人，朝著目標勇往直前。

不熬夜讓你發現天賦

聽說過這麼一句話，「八小時以外，決定一個人的未來」。意思是八小時工作時間之外，怎麼安排、利用好剩餘時間，將決定一個人未來走向何處，能走多遠。

我很佩服一位學長，他就是在八小時以外活成了斜槓青年的典型例子。學長工作穩定，薪資不低，在本職工作上已經小有成績。這種狀態是很多人都夢寐以求的，他完全可以在下班之後放鬆一下，熬夜狂歡。但學長覺得，熬夜是一件非常浪費生命的事，他最喜歡的不是往人堆裡砸，而是逃離人群，找一個安靜的地方，讀書、畫畫、運動健身或者鑽研廚藝，儘量把下班到睡覺前這段時間安排得滿滿的，把自己多餘的精力和欲望用在探索新鮮事物上，免得到了晚上睡不著，傷身又耗氣。

一段時間之後，學長的探索之旅有了一個小成果，他發現自己對油畫產生了極大的興趣，便試著畫了幾幅，投到雜誌社，居然被採用了。學長非常開心，對油畫愈發用功，請了專業的老師指導，竟發現自己原來對色彩有著極高的天賦，只要練好基本功，以後無論發展成插畫師還是設計師，都有可能。

連愛因斯坦的大腦都只開發了百分之十，與其熬夜，不如把時間用在開發興趣上，說不定你會發現不一樣的自己。

不熬夜，讓你擁有健康的身體、堅定的意志，用這兩個條件去開疆拓土，再回頭看自己，發現自己和別人不一樣的天賦，讓自己的技能多樣化，總有一天，你也能成為斜槓青年。

別讓手機綁架你的生活

我看過這樣一張圖片，圖片左半部分看起來是晚清時期的某處鴉片館，一個梳著辮子、骨瘦如柴的男子側躺在床上，半縮著腿，嘴裡叼著一根長長的煙杆，正對著油燈一陣吞雲吐霧，雙眼微微眯著，臉上似笑非笑，看上去既不像人也不像鬼，甚是恐怖；右半部分則是一個現代人，姿勢、表情與左邊的人十分相似，唯一不同的是現代人手裡握著的不是煙杆，而是手機。

這張圖片一經流傳就引起了熱烈討論，有人嘲笑，有人不屑，我卻感到暗自心驚。晚清時期國家遭難，百姓深受鴉片荼毒；現在盛世太平，手機卻成為人們自己選擇的「毒品」。手指滑動，螢幕亮起，流量開始流走，生命也悄悄開始消耗了。

手機是時代進步的產物，最初它的出現是為了讓通信更便捷，讓生活更便利。但是，隨著科技進步，手機更新換代越來越快，功能越來越齊全，一部手機已經能夠解決衣食住行全部問題。人們因此就越來越依賴手機，仿佛把手機當成了自己最親密的人，隨時隨地帶在身邊，發生任何問題，第一件事不是思考怎麼解決，而是打開手機開始查資料。

這樣的情況，被心理學家定義為「手機依賴症」。

湯圓是公司新來的實習生，她是一個深度「手機依賴症患者」。工作時間，她每隔五分鐘就要解鎖一次手機，吃飯時看手機，坐車時看手機，就連在上廁所的路上都要看手機，包裡常備兩個行動電源和兩套充電器，這樣一來即便其中一個沒電或者失靈，也不會影響她使用手機。

就因為眼睛離不開手機，湯圓還鬧過很多次上錯公車、進錯電梯這種烏龍事件，她的考勤表上也因此紅通通一片，遲到成了她的家常便飯。工作時，她也經常因為看手機而注意力不集中，犯一些低級錯誤，有幾次差點給公司造成重大損失。

部門經理從規勸教育到扣薪水，用了很多辦法都沒能改掉湯圓的毛病，最終只能將她勸退。

同事好奇，不就是個手機嘛，到底有什麼好看的，能讓湯圓冒著失業的風險也不肯放下？

湯圓的回答令人出乎意料，她說：「確實沒什麼好看的。只不過是有資訊時回覆一下資訊，想購物時逛逛網上商城，想玩遊戲時就玩一把。但更多的時候，只是在微博上無聊地刷新或在短視頻軟體上看視頻。」

但即便如此，她還是忍不住要打開手機，仿佛解鎖手機的那一刻，打開的不只是一個手機，還是新世界的大門。大門那一頭有千奇百怪的人和新鮮有趣的事，看著手機，就像是透過萬花筒看著全世界，沒有焦慮和壓力，只有愉悅和滿足。

從湯圓的故事裡，我弄明白了一個道理。原來形成「手機依賴症」的原因是手機帶給了人們在現實生活中得不到的滿足，使人們在流覽手機時有一種快感和成就感，就好比碎片化閱讀。這是一個資訊爆炸的時代，在碎片化閱讀中得到的資訊大部分有可能都是垃圾資訊。但是人們在麻痹的滿足感中失去了判斷力，無法得知資訊的真偽和有效與否，只是通過碎片化閱讀，就認為自己閱讀過、學習過，從而得到一種心理安慰和自我認可，但誰又真正明白，那些花五秒鐘接受、一秒鐘就能忘掉的所謂「知識」，並不能帶給人長遠的益處。

回想我們的童年，那時候手機普及度不高，父母及其他親人也很少用手機。所以我們知道家附近的哪一處有隱蔽的小山，閒暇時約上小夥伴一起去探險；我們知道電視裡哪個頻道的節目最好看，每晚都乖乖等著父母回來一起看；我們知道年夜飯的哪道菜最好吃，看準時機迅速躥到離奶奶最近的位置，就為了多吃幾口……後來，朋友聚會變成了玩手機聚會，探望父母變成了互發紅包，春節團圓的日子也不再一家熱鬧，而是各玩各的手機，各發各的祝福。親友群裡的熱絡，反襯出現實中的冷漠……

人在一生當中，只有五分之一的時間可以自由支配。拿起手機的那一刻，看似是在消耗流量，其實是在消耗你的注意力，消耗你對家人、朋友的關心，消耗你對生活的熱情，消耗你的生命。

放下手機吧，珍惜眼前的一切。別再看手機裡那些虛無縹緲的東西，你會發現，生命比想像的還要精彩。

習慣「快進」，就錯過了真實的生活

我們的生活就像被按下了「快進鍵」，所有人似乎都習慣了「以快制快」。工作快、生活快，我們就更快，似乎那樣就可以把主動權掌握在自己手中，以獲得安全感。

「一萬年太久，只爭朝夕」這句話曾經是為了激勵我們珍惜時光，在長度有限的生命裡奮力擴充生命的寬度。現在看來，它似乎被曲解了。人們為了追上發展的腳步，越走越快，越走越急，越來越怕等待，甚至有人評論說，中國人是地球上最不耐煩的人。

看電視劇要用倍速播放，拍照片要現場可取，搭計程車要搶第一，去旅遊一定要每天逛上至少五個景點……習慣於「快進」之後，我們彷彿失去了「慢」的能力，身上的戾氣越來越重，內心的焦慮越來越嚴重。從偶爾的「路怒」，逐漸擴展成「地鐵怒」、「電梯怒」、「開會怒」，甚至出現「飯怒」、「床怒」，連吃飯和睡覺都不能好好完成，一味地追求「快」，快得沒時間看清自己的內心，快得失去了生活樂趣。

一個忙碌的商人好不容易抽出時間，來到別墅旁的小河邊閒逛。看到一個衣著樸素的路人正在河邊釣魚。

商人走過去搭話，問：「你每天能釣多少條魚？」

路人說：「一小桶左右。」

商人問：「你為什麼不把魚賣出去，攢夠錢買條船？」

路人反問道：「買了船幹什麼呢？」

商人說：「有了船你就能出海打魚，那樣會讓你每天收入劇增，能賺這一小桶魚的幾十倍。」

路人問：「賺了錢幹什麼呢？」

商人說：「有了錢你就可以僱傭漁民，組織屬於你自己的船隊，捕獲更多的魚，賺更多的錢。」路人問：「然後呢？」

商人說：「然後你就可以開公司做生意，賺很多的錢。」

路人問：「再然後呢？」商人說：「再然後，你就可以不用操心錢的事，放心地享受生活了。」

路人一笑，說：「我現在不就是在享受生活嗎？」

這是很有意思的一則小故事，它為我們引出了一個問題：被「快進」了的生活，能帶給我們什麼？每個人都有追求夢想的權利，在追求夢想的路上都應該全力以赴。可這就像是一場賽跑，跑得太快往往會使我們的視線失去焦點，看不清原來的目標。

節奏太快無法保證品質

快，不一定代表效率高，只有結合品質，才能評判快的意義。在做一件事的時候，如果盲目追求速度，會讓我們變得急不可耐，隨之而來的就是焦躁和沒耐性。而失去耐性的後果是手頭的事頻頻出錯，直到失敗。

節奏太快讓人失去安全感

在巨大壓力的推動下，我們越來越害怕，害怕掉隊，害怕被淘汰，害怕被時代拋棄，因此竭盡所能、快馬加鞭，拼命想要做到最好。然而金無足赤，人無完人，總會有人比自己更好、更優秀。節奏太快，會讓我們沒有時間注意自己的優點，只看到別人的好處，而愈發焦慮，愈發沒有安全感。

節奏太快會毀掉你和他人的好關係……………………

很多人都喜歡說自己是急性子，討厭慢吞吞的生活方式。可是這些急性子們，習慣了「快進」一切。朋友約他們聚會，他們總是很忙，沒時間參加；家人希望他們多些陪伴，他們總說那樣太無聊；單位組織團建活動，增強同事之間的交流，他們卻直奔結果，從不在過程上付出時間和耐心。

久而久之，朋友不再邀約，家人不再期待，同事也只剩點頭之交，急性子們就變成了孤家寡人。

習慣了將日子快進，就要承受失敗的懊惱、失去安全感的焦慮和孤獨的恐懼，這些負面情緒會讓人感覺到非常疲憊，從身體到心理，無力且空虛的疲憊。國學大師錢穆曾經說過：「古往今來有大成就者，訣竅無他，都是能人肯下笨勁。」所謂的笨勁，就是一步一個腳印，雖然走得慢，但走得踏實，走得心安。

《論語》中有這麼一句話，欲速則不達。急於求成往往會適得其反，試著取消「快進」，讓生活慢一些。不是讓你停下努力前行的腳步，也不是讓你收斂奮勇向前的銳氣，只是讓你放下疲憊，關注內心，慢一點，給身體和心靈放一個假，摒棄浮躁和焦慮，拾起從容和沉穩。不要為了奔跑而奔跑，而要為了真正的幸福而奔跑。

放下焦慮，人生不必那麼著急

不知道從什麼時候起，社會上彌漫著一股濃濃的渲染焦慮情緒的氛圍。

網上鋪天蓋地都是《你的同齡人，正在拋棄你》、《再不奮鬥就老了》之類的文章，與文章裡的主人公相比，我們感覺自己就是一隻渾渾噩噩的「米蟲」，拼命掙錢也只能掙很少的薪水，一年下來攢的錢還不如「北部」一平方米房價多，甚至覺得自己的前半輩子簡直是白活了。

掙錢少的人感到焦慮，掙得多的人也沒好哪裡去，年薪五十萬的惦記著年薪一百萬，年薪一百萬的惦記著年薪五百萬，租房的惦記著買房，買了房的又惦記著學區房。每個人都在拼命往前衝，生怕自己一不留神就被時代拋棄。

我們常常處在焦慮中，害怕自己變成沒有人關注的失敗者，害怕自己的人生沒有意義，於是一心渴望能儘快成功，想通過物質上的成功來證明人生的意義。就算我們自己不著急，來自身邊的朋友、家人的壓力也迫使我們加快步伐往前奔跑。我們的內心越來越浮躁，耐心越來越少，對現實也越來越不滿足。欲望與現實之間的差距日益增大，這就是焦慮的原因。差距越大，焦慮越重。

B君是我的大學同學，他的父母退休了，B君夫妻兩個都在事業單位工作，還有一個聰明伶俐的女兒。在我們眼中，B君的生活就是幸福生活的典範，就連B君自己也說，很滿足現在的生活狀態，雖然不是很富足，但沒有房貸、車貸，生活安穩而平和。

直到去年見他，我發現他精神狀態很差，整個人看起來特別憔悴。後來聽其他同學說，他現在風評不好，讓我不要跟他走太近。

問及原因，同學說，他好好的單位不待，非要學別人做生意，把車賣了，房子抵押了，連父母的養老金也投資進去了，結果生意沒做好，倒染上了花錢大手大腳的毛病。他喜歡高消費，出入高檔場所，生活奢侈，不僅賠得一塌糊塗，還欠了一屁股債。可是，他不僅不反省，依然跟身邊的富豪朋友攀比。為了維持自己的高消費，他用了各種各樣的方法，不得不還錢的時候就找人借錢，如今他身邊的親戚、朋友都被他借遍了，老婆也跟他離婚了。原本好好的日子，現在過得窮困潦倒。

適當的目標可以激發潛力，使人奮進，而不切實際、超出能力範圍的攀比只會使人

陷入焦慮，打破生活的平衡。

有一個名詞叫作「倖存者偏差」，意思是我們看到的成功者案例其實都是經過某種篩選後的結果。簡單地說，在網上宣揚自己成功經歷的都是成功者，因為失敗者不可能有成功經驗。於是我們就產生了一種錯覺：到處都是年紀輕輕的成功人士，而自己卻活得很失敗。

可事實並非如此，創業成功的概率很低，大部分創業者都變成了「死在沙灘上的前浪」，只有少部分幸運兒活了下來，成為我們在網上看到的「成功人士」。

不要太焦慮，不用羨慕別人的成功。回頭看看，自己身後同樣有很多人在羨慕你。其實，我們沒有那麼糟糕，在別人眼裡，我們同樣已經過得不錯了。

我們或許沒有那麼優秀，但也絕對沒有那麼糟糕。我們能養活自己，每個月還略有結餘，工作能力也在提高，我們依然在不斷積累、學習，這樣的未來怎麼會毫無希望？只是我們習慣了向前看，而那些光鮮亮麗的成功者遮蔽了我們的視線，讓我們以為自己身上全是陰霾。

但事實不是這樣的，比我們艱苦的人有很多，你不用那麼心急。生活不是考試，我們不可能考到第一名。人生是一場馬拉松，你只要計算好自己的體力，按照自己的節奏奔跑即可。你身後還跟著許多人，不用著急衝刺。

不要因為別人的工作更好，別人的薪水更高而焦慮。把手上的本職工作做好，然後再不斷地自我學習和提升自己，一定有更好的機會在等待我們。

不要因為別人對我們的生活挑剔而焦慮，因為別人可能只是嘴上說說，而自己的日子需要自己過。

換一個環境，換一個角度，看看別人怎麼生活。當我們抱怨自己沒有鞋穿時，還有人可能沒有腳。

想想他們的遭遇，對比自己的日子。你會發現，原來自己幸運太多，到那時你就會感激生命的饋贈，而不是抱怨上天的不公；到那時你就會懂得，現在的焦慮不算什麼。

到大自然裡呼吸新鮮空氣，看看植物在陽光下曼妙的姿態；去陌生的城市，看看別人的柴米油鹽醬醋茶，找到生活藏附於其中的善意；在孩子們嬉笑打鬧的身影中，感悟生命的蓬勃和張力。那時我們會發現，很多時候，感到焦慮只是因為自己的內心欲念太多。回頭看看身後的人，我們會發現自己過得沒有那麼糟糕，我們沒必要那麼著急。

放下焦慮，輕裝上陣，才會走得更快，走得更遠。

耐得住寂寞，才守得住繁華

王國維在《人間詞話》說：「古今之成大事業、大學問者，必經過三種之境界：『昨夜西風凋碧樹，獨上高樓，望盡天涯路』此第一境也。『衣帶漸寬終不悔，為伊消得人憔悴』此第二境也。『眾裡尋他千百度，驀然回首，那人卻在，燈火闌珊處』此第三境也。」

要成大事業和大學問的人，第一個階段，就必須經歷「獨上西樓，望盡天涯路」的寂寞。要學會在安靜的歲月中，褪去浮華，卸下焦躁，經歷過那一段沒有人支持也沒有人幫助的歲月，熬過去就能等到黎明。

日本有兩位一流的劍客，分別是宮本武藏和柳生又壽郎。柳生又壽郎是宮本武藏的徒弟。剛拜師不久，柳生又壽郎就問宮本武藏：「我想成為一名出色的劍師，根據我的資質，努力學的話大約需要多長時間？」

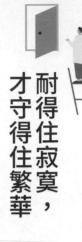

宮本答：「最少也要十年吧！」
柳生說：「十年太久了，假如我加倍苦練，多久可以成為一流的劍客呢？」
宮本答：「那就要二十年了。」
柳生一臉狐疑，又問：「假如我晚上不睡覺，夜以繼日地苦練呢？」
宮本答道：「那你必死無疑，一輩子也不可能成為一流的劍客。」
柳生非常吃驚：「為什麼？」
宮本答道：「要想成為一流的劍客，先決條件就是必須永遠保留一隻眼睛注視自己，不斷反省自己。現在，你兩隻眼睛都只盯著『劍客』這塊招牌，哪裡還有眼睛注視自己呢？」
作為徒弟的柳生終於明白是自己太心急了，便靜下心來拜師學習。訓練開始之後，宮本對他的要求卻出乎他的意料，只是讓他做飯、洗衣、打掃衛生，和劍術有關的事一個字都不許他提。
一開始，柳生還安心忍受，但三年過後，宮本對劍術的學習還是隻字不提，柳生開始對自己的前途擔心起來，做事情注意力也不太集中了。
某一天，宮本趁徒弟不注意時，悄悄地在柳生背後用木劍給予重重一擊，沒等柳生反應過來，又是一擊。柳生問及原因，宮本卻不說話。

次日，宮本又趁柳生不備進行襲擊。從那以後，柳生每時每刻都得保持高度警惕，預防宮本的突然襲擊。日復一日，年復一年，柳生在洗衣做飯和打掃衛生這些無聊又寂寞的小事中，練就了只要背後有人靠近，就能以最快速度拿起武器的絕招，最終成為日本一代一流的劍客。

寂寞的時光是修煉心性和提升自我的最好時機。只有在寂寞中沉下心來，才能感悟到人生的真諦。

李時珍是我國明朝時期著名的醫學家，他所著的《本草綱目》收錄了藥物一千八百九十二種，其中有三百七十四種是過去沒有記載過的新藥物。書中對每一種藥物的名稱、性能、用途和製作方法都做了詳細說明。還附有一萬餘味藥方，一千一百六十幅藥物形態圖。

《本草綱目》是一部具有世界影響力的博物學著作。被國外學者譽為「中國的百科全書」。李時珍為了創作該書，花費了二十九年時間，走遍了十多個省份，足跡遍布大江南北，行程達二萬多里。在這個過程中，李時珍隻身探入深山荒野，一個人一待就是好幾天，餓了就啃點乾糧，渴了就喝點泉水。他將肉身徹底放逐到寂寞的時空中，經過二十九年的磨煉，迎來的是造福後世、名揚千古的成就。

耐得住寂寞，方能內心平靜，寵辱不驚，有所作為。耐得住寂寞，才能不為外物所惑，不浮躁，做到專心致志，不怨天尤人，不妄自菲薄，不忘初心，堅持到底。有些事情不是看到了希望才去堅持，而是堅持了才會有希望。

寂寞是人生的本質，我們從寂寞中來，最終都要回歸到寂寞中去。只有牛羊才成群結隊，猛獸總是獨來獨往。在寂寞的時光中，我們能夠更誠實地面對內心，傾聽內心的聲音，從寂寞中積累能量，在寂寞中昇華自己。在疲憊寂寞中，我們可以把腦子完全清空，將浮華和疲憊洗刷乾淨，將自己置於一種難得的深思狀態中，回歸真正的自我，看清自己內心真正的渴望和需求，把人生所得的經驗和感悟沉澱下來，為未來厚積薄發。

人生路遠，每個人都在負重前行，我們要在寂寞中養精蓄銳，努力提高自己的能力，增強自己的競爭力，耐心等待時機，擇機而動，才能收穫成就。寂寞磨煉了我們的意志，鍛造了我們的品格，只有如此這般的上乘心性，才能守得住人生的繁華。

第七章

見識了生活的凌厲，依然熱淚盈眶

如果你覺得累，
就離成功不遠了。
不要停下來，
再加一把勁。

你沒那麼堅強，但要學會獨自堅強

人生的路，往往是用挫折和眼淚拌成的苦鋪就的，每個人都有自己的痛苦，沒辦法丟給別人，別人也沒辦法替你痛苦。只是，誰不想歲月靜好，安寧喜樂呢？不過是迫於人生艱難，即使沒那麼堅強，也只能獨自堅強。

亞楠是獨生女，父母一直非常寵愛她。亞楠在二十二年的歲月裡，無憂無慮地長大，吃穿不愁，也沒有經歷過什麼挫折。她順利考上心儀的大學，也選到了喜歡的專業。畢業在即，前途一片光明，幸福的日子正在向她招手，可沒想到，一個噩耗打破了一切。

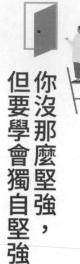

彼時，準備畢業的亞楠正在外地實習，深夜時分忽然接到母親的來電，說父親發生車禍，危在旦夕，讓亞楠趕緊回家。

亞楠連夜趕回家，父親已經過世了。一向柔弱的母親在巨大的悲痛中病倒了，吃不下任何東西，只能靠輸液維持生命，更別說照顧亞楠了。一夜之間，家裡的大小事務全都落在了亞楠的肩上。

母親流著淚把家裡的所有存款和父親公司的股份交到亞楠手裡，這意味著，從此以後，亞楠要擔負起一家之主的責任了。

把母親託付給姨媽之後，亞楠拿著一點生活用品住進了父親的公司，吃睡都在寫字樓裡。從來沒有接觸過公司業務的亞楠從零開始學起，從整理業務、核對帳目到轉讓股份，她花了一個月的時間把父親經手的所有業務分門別類，自己能做的就繼續做，不能做的就變賣成錢。

在那一個月中，亞楠除了整理父親的資產，還要準備畢業論文。實習的公司也時不時打電話讓她處理一些事務。大家都為嬌生慣養的亞楠揑了一把汗，時常打電話問候，看她是否需要幫助。

出人意料的是，亞楠每次接電話都沒有表現出一絲悲傷的情緒，簡短的「我很好，有點忙，回去再聚」，透出一股與她年齡不符的冷靜和幹練。

再次見到亞楠，已經是畢業之後了。她瘦了一大圈，灰暗的臉上滿是疲憊，但眼神中卻有了一絲我從未見過的堅毅和沉穩。我知道，她不再是從前那個亞楠了。

後來亞楠告訴我，那段時間她過得很艱難，一夜之間就要扛起一個家。面對那些自己從未接觸過的東西，她曾多次看著報表就哭了，因為她無論怎麼努力都看不懂，深夜的寫字樓裡只有她一個人在號啕大哭。但是哭完之後，她還是拿起報表重新學，重新看，因為她知道，她現在核對的每一分錢，都關係著母親未來的生活品質。沒有了父親，她就要做照顧母親的人。如果她也倒下了，那麼這個家就徹底崩塌了。她怕苦怕難，但更怕未來沒有希望。一想到沒有任何人可以依靠，只剩自己一個人時，她就不敢倒下。

而亞楠之所以沒有向親人和朋友尋求幫助，是因為她清楚地知道，這個世界上很少有人能做到感同身受，她無法要求別人和她一起承擔。

所幸亞楠的一切付出都沒有被辜負，她的實習順利結束，畢業論文也通過了。離開學校之後，她一邊工作一邊學習理財，還要照顧健康狀況不佳的母親。生活的擔子並沒有減輕，但亞楠越來越堅強了。

誰的人生都不容易，誰都不願意被迫堅強。可是又能怎麼辦呢？

《安娜．卡列尼娜》中寫道：「幸福的家庭都是相似的，不幸的家庭各有各的不幸。」生活不會因為我們的恐懼和悲傷就心慈手軟，眼淚除了帶走一些身體毒素之外，無法給我們帶來任何幫助。

所以我們只能獨自堅強，一個人走過漫漫黑夜，一個人在苦難中煎熬，一個人去面對迎面而來的狂風驟雨，一個人等待黎明，一個人孤獨前行。沒有其他選項，即便我們沒那麼堅強，也只能獨自堅強。

堅強從來不是每個人與生俱來的品質，它就像是融進蚌殼裡的沙礫，需要經過漫長的歲月，用血和淚一點點地打磨成珍珠。每一次挫折，每一場風雨，每一份苦難，都是為了鍛造一顆堅強的心。在這樣的煎熬裡，我們漸漸不再害怕，不再逃避，學會了包紮傷口，學會了整理心情，學會了在一個人的路上辨別方向。因為我們明白了一件事，苦難不會減少，那就在苦難中汲取能量，誰都沒有那麼堅強，但誰都必須學會獨自堅強。

見識了生活的凌厲，依然熱淚盈眶

我經常去參加一個同行朋友組織的「筆桿子」聚會。參加聚會的人有做自媒體的，有做影視的，有做出版的，也有寫網文的，但都是以寫作為基礎的行業。大家時常坐在一起喝幾杯，交流經驗，既能促進技能進步，也能看到生活百態。

最近的一次聚會來了一個新人——綠蘿。酒過三巡，綠蘿有些微醺，談起了她最近的經歷。

綠蘿上周剛剛辦完離職手續。按照她的話說，是在那個公司徹底寒了心才出來的。兩年的時間裡，綠蘿經歷了被主管「穿小鞋」、被同事「捅刀子」、被下級「潑髒水」等各種狗血的事情，離職還被以各種理由剋扣薪水。本是一腔熱血地加入公司，卻既傷感情又傷錢，與公司撕破了臉才最終離職。本以為擺脫困境能有個新的開始，不料男友出軌，母親出車禍。果然應了那句老話，福無雙至，禍不單行。自己辛辛苦苦攢下的積蓄，經歷一次挫折，就耗了個乾乾淨淨。綠蘿連收拾情緒的時間都沒有，就要開始找新工作，只為了下個月還有地方住，還有口飯吃。

說到動情處，綠蘿抽泣起來：「日子怎麼這麼難？我那麼努力卻換來這樣的結果，太辛苦了，我實在撐不下去了……」

本以為在場的幾個妹子會受到情緒感染，和她一起哭。但出人意料的是，在場所有人都和我一樣，只是默默聽著，不言不笑。除了離綠蘿最近的女孩輕輕地握住了她的手，其他人都沒有太大的情緒波動。

綠蘿也感覺不太對勁，急忙收起眼淚，尷尬地咳了兩聲。

見氣氛不對，聚會組織人凱哥端著酒杯站了起來，說：「其實，今天到場的所有人，都經歷過或者正在經歷生活的折磨。但我們都選擇了保持微笑，是因為我們依然有夢想，有期待，依然對未來熱淚盈眶。」

聽完這句話，綠蘿愣住了，但是其他人居然都不約而同地揚起嘴角相視而笑。氛圍瞬間就變得溫暖而令人感動起來。接下來的時間裡，借著酒勁，大家一一打開了話匣子。

凱哥因為堅持寫作，錯失了家中為他安排的好工作，也失去了家中的一切經濟援助。年輕氣盛的凱哥斷絕了和家中的聯繫，隻身北上。在他摸爬滾打的五年裡，住過地下室，吃過饅頭，好不容易接到一個大專案，準備衣錦還鄉，卻被告知父親已經癌症晚期。當他從老家趕回工作崗位時，專案也由於種種原因告吹。五年的努力像個笑話，除了對父親的愧疚，凱哥似乎什麼也沒有得到。

從來都以一身旗袍加復古紅唇出現的伽羅，氣質非凡，談吐不俗，渾身上下都散發著一股高雅氣息。但就在一年前，伽羅卻是個因為丈夫出軌，自己也遭遇流產的怨婦。見人就哭訴自己人財兩失，直到說得別人厭煩，自己也厭煩，伽羅才痛定思痛，重新收拾自己的生活，成了今天我們看到的伽羅。

一直被綠蘿視為精神偶像的百惠，年逾四十，一身棉麻長裙，素色發帶把長髮綰得一絲不苟，淡淡的微笑中蘊含著無窮的力量，仿佛沒有任何事能激怒她，也沒有任何事能傷害她。但就是這樣一個柔弱的女子，靠著在網上發布文章，掙錢養活了常年癱瘓的婆婆和智力有殘缺的兒子。雖然沒了丈夫，但百惠依然在殘缺的人生中活出了自己的模樣……

有一句大家都耳熟能詳的話：成年人的世界裡沒有「容易」二字。只要人想活著，想活出點樣子來，生活會饒過誰呢？

人是情緒動物，在經歷挫折和磨難的當下，大部分人都會怨天尤人，這是很正常的心理反應，因此必須給自己一點時間，去好好品嘗生活的凌厲。記住痛苦，是為了讓自己不再痛苦。

但你不要讓自己太長時間沉浸在情緒裡，畢竟那是沒有意義的。生活本來就凌厲，不會因為你特別傷心而對你格外寬厚。你要做的是迎難而上，越痛苦，越要抓緊自己手中僅有的東西，它們也許是你好幾年的工作經歷，也許是你偶然認識的幾個朋友，也許是你提款卡裡最後的一千塊錢。

難過和不甘也不是一無是處，只要你肯把它們從心裡挖出來，墊在腳下，越墊越高，越走越穩，未來有一天你會發現，你完全可以笑著說出這些苦難，仿佛在那中間的人不是你自己一樣。

那天的聚會持續了將近五個小時，綠蘿的神情從沮喪變成感動，再從感動變成羞愧，最後是面帶希望，熱淚盈眶。

如果你覺得累，就離成功不遠了

我的一個朋友打電話跟我說，她熬不下去了，想要「逃離城市」，回老家生活，想聽聽我的意見。我大吃一驚，作為同樣在大城市打拼多年的人，我們曾經相互鼓勵，走過了艱難的歲月，我很清楚她是什麼樣的人，如今她的工作已經大有起色，為什麼還會產生這種念頭？

她告訴我，沒有別的原因，只是太累了。她留在這個城市，是為了實現她的夢想，為此，她每天上班八小時，下班後自己還利用業餘時間寫小說、劇本。就在最近，一家影視公司看上了她的一個故事大綱，準備和她簽約，但是對方要她兩周之內拿出五集劇本，劇本通過了才能簽約。

兩周時間寫五集劇本，時間的確很趕，但如果專心致志，也不是完不成，如今機會近在眼前，我勸她一定要把握住。但她告訴我，當接到影視公司的電話後，她突然感到很疲倦，寫不下去了。

她說她堅持了這麼多年，夢想一直沒能實現，已經分不清是在賭氣還是想給自己這些年一個交代，自己都不知道是為什麼留在這裡，當夢想的機會出現時，也沒有那麼激動，感覺很無所謂。

我問她是不是真的不想寫了，她說她也不知道，所以才來找我，問問我有什麼意見。我想了想，跟她說起我發現的一個現象。

我每周都會跑兩、三次步，最開始體力差的時候，跑一千米，後來慢慢加到三千米、五千米，現在我的體力已經可以跑完一萬米了。

有趣的地方在於，當我把目標定在三千米時，跑到二千五百米的時候就覺得特別累，想停下來走過去；當我把目標定在五千米的時候，跑到四千五百米就不想跑了。也就是說，無論我的目標是長是短，當我快到達終點的時候，總會感到疲憊，特別想停下來歇一歇。

我問她是不是也有這種感覺，她想了想，發現的確是這樣。我告訴她不只是跑步，在很多時候人都會產生這種疲倦感：專案做了很久，已經到了準備驗收材料的環節，心裡卻總是提不起勁，感覺很疲倦；戀愛談了很久，就要走向婚姻的殿堂，卻在婚禮之前突然緊張、恐慌；為旅行準備了很久，即將出發，卻在臨行前突然產生無聊的感覺……

她問我為什麼會這樣，我開玩笑地跟她說，將來我去念心理學博士的時候，就以這個現象作為課題研究。至於現在，最重要的是振作起來。或許她當初只是想證明自己，或許當她實現夢想當上作家、編劇之後發現，那並不是她想要的生活，但一定要堅持完這一程。不但要加油，還要加碼，請假回家，全力以赴地寫。她對自己沒自信，因為她從來沒有這麼高強度地寫作過，她覺得自己做不到。

後來，我給她講了這樣一個故事：作為一名女性，查德威爾曾經成功橫渡英吉利海峽，這一次，她想完成更大的挑戰，從卡塔林那島遊到加利福尼亞。

查德威爾已經連續遊了十六個小時，刺骨的海水凍得她嘴唇發紫，長時間的運動，體力的大量流失使她疲憊不堪，四肢仿佛有一千斤重一樣。查德威爾往前看去，只看到茫茫的大海，不知道目的地還有多遠，她感到自己快不行了。

這個念頭一產生就無法控制，她越想越累，體力也慢慢流失了。她想放棄了。

「我游不動了，把拉我上去吧。」

「堅持，只有一英里就到了，再堅持一下！」

「不可能，前面什麼都沒有，我什麼都看不見，我真的遊不動了，快拉我上去。」各種各樣的念頭不停地從腦子裡冒出來，查德威爾最終還是放棄了挑戰，上了船去。船飛快地向前開去，片刻之後，海岸線出現在她眼前——可是因為大霧，她看不見一英里以外的事物。

查德威爾追悔莫及，其實她的體力可以游完最後一英里，為什麼不再堅持一下呢？生活中，成功與失敗的差距往往只有一步之遙，但是人們常常會因為前面大部分的困難而筋疲力盡。這時，即使一個微小的阻礙也會讓人產生放棄的念頭，但只要咬緊牙關再堅持一下，勝利的曙光便會出現。

朋友聽了我的建議，決定請假在家裡專心寫作。後來，她的劇本被搬上了電視螢幕，她的夢想實現了。

最後的那段路通常是一道難越的門檻，在我們歷盡艱辛、筋疲力盡的時候，即使一個小小的障礙都會把我們擊倒。這個時候，意志力才是關鍵。

如果你感到很疲憊，想要放棄，說明已經快到終點了，不要停下來，再加一把勁，走過這段艱難的旅程，坦途就在前方。

自信從容，是從內心生長出來的氣場

年末聚會時，遇見了多年未見的瓊姐。她還和以前一樣，話不多，臉上帶著讓人舒心的笑。旁邊一位打扮精緻的女人撥弄著無名指上的鑽戒，得意地對身旁的女人們炫耀：「我都說了不用買鑽戒，我老公偏要買，還是專門到香港免稅店買的，他說這樣才能配得上我們堅貞的愛。」

話裡是滿滿的得意，讓人忍不住翻白眼，明晃晃的大鑽戒在一堆愛慕虛榮的女人面前晃來晃去。不過她好像還不滿足，故意找碴似的向瓊姐挑釁：「我記得你結婚時，也戴了一個這麼大的『鴿子蛋』，怎麼不見你戴，不會是租來撐門面的吧？」

關於那個女人，我也有所耳聞。她本是瓊姐的好友，兩人同時考上藝術院校。瓊姐靠自己的努力，一步步走上影視舞臺，有了不小的名氣。而她一心走捷徑，只能靠整容、緋聞搏上位，在圈子裡實在混不下去了，就找了一個六十多歲的人成了家。

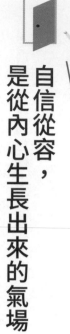

我以為憑瓊姐的驕傲，肯定會毫不猶豫地反駁她。可是，瓊姐只是扯了扯嘴角。後來瓊姐告訴我，對於愛炫耀的人，不予理睬才是最有力的反擊。

的確，對方準備了那麼久，才發了狠話，原以為你會受到刺激，與她來一場旗鼓相當的正面衝突。沒想到，居然連一絲水花也沒有掀起，想一想都讓人覺得委屈。

生活中不乏這樣的人，她們天生愛炫耀，愛比較，偏偏自己又非常普通。她們不論走到哪裡都不放過任何一個讓自己成為焦點的機會，在新買的包包、衣服，老公的收入和小孩的成績上滿足自己的虛榮心。她們中也有的明明自己沒什麼能力，卻偏偏不甘示弱，努力顯擺那些認識的有錢朋友、親戚來粉飾門面。

其實，真正的幸福往往不需要炫耀。看一個人缺少什麼，就看他炫耀什麼。正如一個人擁有了美貌，那麼她在擇偶方面就不會太注重對方的長相，相反會關注他的人品、學識以及其他方面的優點。人們欣賞的恰恰是自己缺少的那一部分。

當然，有些人就是通過向別人炫耀來獲得幸福感。幸福是一種很抽象的感覺，往往是在某一方面得到滿足時，不由自主散發出來的一種令人愉悅的情緒。

內心不夠強大的人在炫耀的同時，也顯現了自己的軟肋。而真正強大的智者偏偏低調得要命，因為他們不需要通過別人的贊同來肯定自己。

從某種意義上來說，晒幸福就是亮軟肋。你見過哪只老虎沒事就秀一秀鋒利的牙齒？它根本不需要這樣做，因為人們早已知道它的厲害。

曾經有位朋友要裝修房子，對於房子要裝修成什麼風格，他心裡沒想法，於是就分別參觀了朋友家的裝修。後來他告訴我，當他到做生意的朋友家時，一進門就看到一面古色古香的大書架，上面擺滿了國學經典和世界名著。他當時感到自慚形穢，當了那麼多年的老師，自己家裡居然找不到一本名著。然而，當他上前取下書架上的書時，才發現那不過是書殼。那位朋友不好意思地撓頭，說自己沒讀過什麼名著，就是裝點一下門面。

然而，假的就是假的，無論裝得多麼逼真，始終不是真的。偶爾滿足一下小小的虛榮心還可以，若是入戲太深，反而會忘了真正的自己。

很多人拼命地炫耀，說白了就是想要拼命地抓住幸福。可真正的幸福都是簡單、低調、平和的內心感受，太高調了反而太假，不真實。

正所謂大音希聲，大象無形。真正的道理無須多言，真正的幸福也無須廣而告之，它是你感到滿足時的情緒外露，是一種由內而外、自然而然的真情流露，大張旗鼓地炫耀並不能讓你的幸福指數提高。

所以無須炫耀，也無須比較，只要認真過好每一天，如此而已。

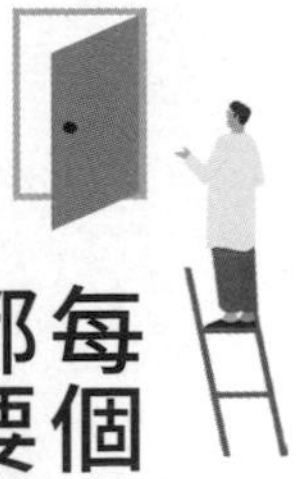

每個人終究都要學會獨自長大

我的一個朋友K從事金融行業，他從一個偏遠山區考上大學，從一個普通科員，一路奮鬥到如今的中層經理，我很佩服他。

在一次聚會上，K和我說起這樣一件事。K的父親是一個貧困鄉村的村長，作風清廉，從沒憑藉權力拿過一分錢的好處，卻肯為了給村裡修路招商，應酬陪酒到胃出血。K的父親有一股清高勁，一輩子抹不下面子求人，但為了K破了一次例。

K畢業那年，準備找工作，雖然他早早就考取了註冊會計師證，但是，濃重的口音、土裡土氣的外表讓他在面試時屢屢被拒。有一天，K的父親打電話給他，還寄了幾盒茶葉，讓他給一個大公司的高管送禮。

對方以前受到過K的父親的照顧，對K的父親一直頗為感激。父親這次為了K給對方打了電話，請求對方同意讓K去他的公司面試。

父親叮囑K，不要以為有關係就有了保險箱，以後進了人家公司一定要好好幹。於是K提著兩盒茶葉，走進了那棟幾十層高的大廈，見到了那位高管。K和高管的談話只進行了五分鐘，最後高管是這樣結尾的：「你現在還沒有準備好，等你準備好了再來找我。」

高管的笑容很職業，語氣也很客氣，但K聽出了話裡的冷漠和蔑視，他的心一陣抽搐，那一刻，他的尊嚴、父親的尊嚴都被人踩在地上。

是啊，他當然沒有準備好，否則也不用父親抹下臉來求人。他想要的不過是一個證明自己的機會，如果幹不好，他會立馬走人，可對方一點情面都不給。從那個大廈裡出來之後，K只跟父親說自己不喜歡這個公司。後來輾轉到一家小會計師事務所，一個月二萬多塊錢。而他的同學大多在外企，起薪就是三萬。K從那個小事務所幹起，用了十幾年時間，成為一個基金經理。

K說這些的時候，口音依然很濃，但語氣很平靜。他說，從走出那座大廈那天起，他就知道這輩子永遠不要期待別人。但他也不恨那個高管，因為高管沒有做錯什麼。從那以後，K明白了一個道理，沒有家人能夠依賴，沒有親友施以援手，二十二歲的自己必須學會獨自長大。

我完全同意他的話，不要期待別人來改變你的現狀。如果別人肯伸出援手，那是美德，我們要感激他；如果別人沒有幫助你，我們也不能怨恨，因為那不是他必須做的。你終究要學會獨自長大，獨自去抵抗人生的風雨。

歌德曾經說：「我們雖可以靠父母和親戚的庇護而成長，依賴兄弟和好友，借交遊的扶助，因愛人而得到幸福，但是無論怎樣，歸根結底人類還是得依賴自己。」

當幼鷹長到足夠大的時候，鷹媽媽會把它們從巢穴的邊緣趕下深深的穀底。幼鷹會拼命地拍打翅膀來阻止自己繼續下落。最後，它們掌握了作為一隻鷹必須具備的本領。做人也是一樣，一旦你認為自己有了依靠，就會失去決絕的動力，一遇到波折就會打退堂鼓，久而久之，就再也飛不起來了。

每個人的立場不同，觀點不同，選擇的方向和價值觀不同，別人不可能事事、處處為你著想，替你分憂。

作家馬德說過：「我慢慢明白了為什麼我不快樂，因為我總是期待一個結果。」

是啊，每個人都是渺小的，面對無盡的世界總有一種深深的無力感，所以才會期待協力廠商來救贖我們。看一本書期待它讓我變得深刻，跑一會兒步期待它讓我瘦下來，發一條訊息期待它被回覆，對別人好期待被回報……這些預設的期待如果實現了，就長舒一口氣；如果沒有實現，就自怨自艾。適當的期待可以理解，但過高的期待只會讓人陷入欲望的泥潭，無法自拔。

有些路只能一個人去走，路再長再遠，夜再黑再暗，也得獨自默默地走下去。總把希望寄託在別人身上，只想沾別人的光，搭別人的順風車，最終很有可能是一場空。所以不如把期望放在自己身上，從現在起樹立目標，開始行動。

願你從容也熱血，成熟卻不世故

嘉雯是一個非常棒的女孩子。剛認識她的時候，只覺得她全身散發著快樂的光芒，笑起來的時候眼神清澈，容光煥發，一如孩童般純真。古龍說，愛笑的女孩子運氣不會太差。我一直相信嘉雯就是這樣的女孩，直到一次偶然機會，嘉雯聊起她的經歷，讓我在喜愛她的同時，也對她欽佩起來。用一句話形容，她就是那種從容也熱血，成熟卻不世故的人。

嘉雯的家庭並不幸福，母親比父親大了整整八歲，父親在一個不成熟的年紀就有了嘉雯。那時的父親不懂得如何照顧和陪伴一個年幼的孩子，再加上母親無休無止的抱怨和嘮叨，父親一到周末就逃出家，嘉雯成了母親發洩怨氣的唯一物件。母親一不順心就會責罵嘉雯，只要嘉雯稍加辯解，母親就立即給父親打電話，說嘉雯如何如何調皮，如何如何忤逆母親，必須要父親立刻趕回家親自調教。

玩得正開心的父親被一通通電話逼回家後，對嘉雯總是少不了一頓毒打。母親為了達到進一步籠絡父親的目的，跟著父親一起咒罵嘉雯。小小的嘉雯在那時就已經飽嘗被世界拋棄的孤獨和絕望，內心埋下了黑暗和叛逆的種子。

隨著年齡的增長，嘉雯的內心對世界的抗拒也跟著瘋狂增長。抽煙、喝酒、打架、蹺課，這些壞學生常做的事，嘉雯全部都做過。但這些幼稚的反抗只會激起母親的瘋狂咒罵，所有惡毒難聽的語言從母親的口中冒出來，化成尖利的刀，扎在嘉雯的心上，即便嘉雯的學習成績依然保持在中等偏上的水準，母親也視而不見。

不僅如此，母親還把嘉雯的行為添油加醋地在親戚面前大肆宣揚，弄得所有親戚都認為嘉雯是個「混世魔王」，一有機會就全家聚集，對嘉雯展開批評教育。母親哭哭啼啼地訴說自己多麼不容易，嘉雯就這樣一次次被冤枉、誤解，解釋了無數遍還是沒有人相信她。到後來，嘉雯不解釋了，自己做自己的事，把恨默默埋在心底。

這樣的狀態一直持續到嘉雯二十七歲那年，唯一認可嘉雯並且一直疼愛嘉雯的外婆去世了。嘉雯覺得自己的心也跟著死了，從此以後，她不想要親情了。於是，在處理完外婆的後事之後，嘉雯就隻身南下，來到一個千萬人都來過的追夢之城，準備一切重新開始。

可是現實又一次給了嘉雯殘酷的警告，生活顛沛流離，工作處處碰壁，連身體健康也每況愈下，體檢報告上各項指標都開始亮紅燈。嘉雯在接連不斷的打擊中越來越頹喪，對任何人都不信任，對任何事都沒興趣，對世界的怨恨越來越濃重，總覺得所有人都看不起她，別人隨意的一句話她都會解讀成對自己的嘲諷。

慢慢地，原本漂亮的嘉雯變得越來越「醜」，不是五官變化，而是內心的黑暗爬上臉龐。

就這樣熬了兩年，嘉雯實在堅持不下去了，用僅有的積蓄找了一個心理醫生。通過半年的治療，嘉雯徹底看清了內心的掙扎，也非常清楚除非自己願意自救，否則人生只會更加絕望。

於是，嘉雯開始嘗試交朋友，從學會傾聽和讚美他人開始，收穫別人的善意，讓自己開心起來；用完成一件小事來鼓勵自己，讓自己獲得進取的能量；不再強求努力必須成功，不再要求為別人付出就一定要得到相同的回報，也不再苛求自己必須活成想像中的樣子。不高興的時候多看搞笑視頻，用最廉價的方法來驅趕壞情緒；有空的時候不再對過去耿耿於懷，而是放空自己，去發現生活的小樂趣和小溫暖，把自己的心靈餵得甜甜蜜蜜。

一段時間後，嘉雯不再頹喪，美麗的臉龐上重新出現了明朗的笑容。她開始覺得世界並沒有她想像的那麼糟，只要願意打開心扉，放下心結，從泥潭裡爬出來，就能看到不一樣的風景。

從這些小小的美好中汲取能量，投入工作當中，嘉雯感受到了前所未有的專注和熱情。這樣的工作態度帶給她節節高升的成績，這些成績又再回饋到內心裡，變成對未來的期望和熱情。

是世界變了嗎？並沒有。我們改變不了世界，只能改變自己。人生已經那麼苦了，我們不必再自尋煩惱，讓自己痛苦了。

清楚世界的艱難，也要相信自己足夠堅強。是時候長大了，別再像個孩子那樣不開心就哭，不得意就鬧。經歷過傷痛，就會懂得如何治療傷痛；有勇氣面對成長，就能學會如何快速成長。

願你從容也熱血，成熟卻不世故。

你不是全能王，別對自己太苛刻

某青年男演員曾多次在公開場合高調炫耀自己的博士學位，觀眾也一度以為這是娛樂圈少有的高學歷演員，然而在一次直播中，他暴露了自己對學術的無知，學霸形象轟然崩塌，還牽出了一系列論文造假醜聞。

這件事鬧得沸沸揚揚，該演員的地位也一落千丈，本該熱播的影視劇紛紛下架，他本人也嘗到了自己種下的苦果的滋味。

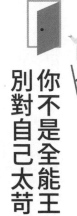

我認為，他太想維持一個全能的形象，想做一個有文化的演員、一個藝術家，但他得整天拍戲，四處奔波，哪有時間做學問、寫論文呢？既然演戲和學業都不想放棄，他就選擇了學術造假。但是，天下哪有魚和熊掌兼得的好事？

追求全能的人，過分苛求自己，希望自己什麼都會，什麼都精通，容不得自己有半點不好，把自己幻想成完美的化身，只要發現自己有一點不是，就責怪自己，拼命地想去改變。希望自己被所有人接受，希望所有人都喜歡自己，只要別人有一點異樣，就懷疑是自己的錯。

這種苛求生活的心態是極不現實的，不但得不到想要的完美，反而會給自己增添無窮的煩惱。

娛樂圈裡不乏放棄星途去深造的演員，比如因《武林外傳》走紅的某演員。在最紅的時候選擇去讀博士，用了三年的時間潛心學習，拿到了博士學位。

正如前面那位青年男演員，如果他選擇好好演戲或是暫時息影去讀書，至少能夠做好其中的一件事。

畢竟人的能力是有限的，什麼都想要，什麼都要完美，最後可能什麼都得不到。

朋友是一家企業的設計師，他所在的公司是一家小型企業。雖然人數不多，但競爭也很激烈。好在朋友非常勤勉，除了做好本職工作，還自學了ＰＰＴ製作技巧和文案知識。由於比其他人多了一項專業技能，所以他經常幫經理做一些簡單的ＰＰＴ，寫工作報告以及培訓總結之類的。他很快得到了經理的賞識，從普通的職員一躍成為項目組組長，加了薪，還成了公司骨幹。

有一次，公司接到一個很大的投標專案，需要做一份比較專業、詳細的標書文件。當經理推薦他做公司標書的時候，朋友明明不擅長資料分析，也沒有做過標書，但是他不願意在經理面前露怯，影響自己在經理心中的印象，就滿口答應。結果由於不懂設計，也沒有相關的專業理論。在做標書的過程中，很多專業理論知識只能從網上複製，而且資料分析得不到位，理論設計也很粗糙，最終導致公司標書被否定，錯失良機。

這次事故不僅給公司造成很大損失，也讓經理對他十分失望。

沒有人是全才，每個人都有自己擅長和不擅長的地方，不必苛求自己。當你明明知道自己的短處，卻偏偏心存僥倖，企圖以小聰明來掩蓋自己的缺陷和不完美時，最後可能只是自釀苦果。人最怕不自知。

真正聰明的人了解自己的短處和優勢。該抓住機會的時候果斷出擊，不該逞強的時候低調謙虛，揚長避短，努力修煉。充分了解自己的現狀，做出智慧的選擇，達不到的目標不苛求，哪怕這目標看似不遠，因為如果過分苛求而使自己陷入險境就糟糕了。別總苛求自己做太多能力以外的事，弄得自己疲憊不堪卻毫無成果，以至於焦頭爛額，氣急敗壞。就算你每天愁眉苦臉，絞盡腦汁想該做什麼，現狀也不會發生改變，反而原先能做好的一些事也做不好。

不要著急去實現夢想，如果沒有足夠的資本，沒有充分的把握，先把夢想「束之高閣」，走好現在的每一步。未來很遙遠，不要多想，累壞自己，先踏實做好今天的事情。請卸下包袱，輕裝上陣。

記住，你不是全能王，別對自己太苛刻。

第八章

幸福屬於
早就懂得人生本質的人

如果你一個人都過不好，
千萬不要喜歡別人。

幸福屬於早就懂得人生本質的人

「我覺得我最大的幸運，就是在年少的時候遇見了你、愛上了你，餘生都是你。我不知道別人的故事是怎樣的，但對我來說，如果沒有遇見你，我過的就是另外一種不可預知的人生了。」

朋友的婚禮現場，當司儀問新郎有什麼話想告訴新娘時，新郎想了一想，認真地說出了以上這段話。

另一個朋友在觀眾席上半是羨慕半是感動地說：「真羨慕他們，為什麼有的人的人生可以這麼一帆風順啊？看看這兩個人，在學校同是學霸，在公司都是『精英階層』，真是一對璧人。」

這是一個美好得像童話一樣的故事。

她這種甜蜜的吐槽，令我想起了曾經看過的一段話：「一個學霸，很大程度上可能也會是一個優秀的男朋友，一個顧家的好丈夫。他比普通人更早看明白了這個世界，更早領悟到什麼才是人生最重要的。」

能以專注的姿態對待當下，能很好把控人生重點的人，在管理自己的欲望方面有著比普通人更強的意志力。因為在荊棘叢生的人生旅程裡潔身自好，在眼花繚亂的複雜世界裡守住本心，需要很強的精神定力。這種精神定力的前提是明白什麼才是自己真正想要的。

正如一句話所說：很多時候，我們以為是自己的選擇出了問題，事實上，是我們的認知出了問題。

那些令我們感到短暫愉悅的東西，比如放縱自己、推卸責任、逃避結果，更多呈現的是人的欲望、貪婪和軟弱。這樣的快樂註定只能短暫地停留在表層。

簡而言之，那些真正獲得幸福的人，其實常常看上去過得「不夠精彩」，但是他們能體會到幸福的真諦，不但持久，還有淡淡的回甘。

因為常人所謂的「低級精彩」，不過是裹著糖霜的欲望罷了。

如果一個人有足夠的分辨能力，便能清醒地知道，真正的「高級精彩」是一種簡單的專注。這種簡單的專注不會過分消耗人的情緒，反而更能令人看到幸福的實質。

那些能更早清醒的人有意識地敲碎了人生迷霧上的那層表面糖霜，理解了幸福本質。這種包含著簡與素的人生信條裡，暗藏著一種大智若愚的智慧。

我還知道兩對夫妻的故事，其中一對結婚的時候甜蜜恩愛，也是令人羨慕的一對璧人；另一對結婚的時候，卻幾乎不被任何人看好。然而，兩對夫妻的結果令人意外地反轉，當初愛得死去活來的那對夫妻，沒過幾年就離婚了；反而不被看好的那一對，婚後的生活漸入佳境，兩個人越過越幸福。

事實上，在他們結婚之前，似乎就已經暗示了結局。第一對夫妻雖然是自由戀愛，但他們雙方都沒有定力，在一起只是因為新鮮感和激情。所以在結婚時，他們並不知道什麼才是自己真正想要的。此後的人生裡，他們被其他誘惑干擾，終於在折騰半生之後，把彼此消耗得筋疲力盡，工作、家庭、生活都出現了各種問題。

另一對夫妻早就清醒地知道自己在婚姻中到底想得到什麼，什麼才是最重要的。所以，他們從結婚開始，就抵擋住了婚姻以外的各種誘惑和阻礙，從不輕易放縱自己的欲望，也因此少了許多不必要的麻煩。因為目標越專一，他們就越容易滿足；因為越容易滿足，日子便也一天天變好了。

這兩對夫妻，一對是我的爺爺奶奶，而另一對則是我的父母。觀照他們的人生經歷，我覺得有句話說得很有道理：越早清醒的人，越容易把住幸福的脈搏。

年少的時候，正因為很多人分辨不出什麼是自己真正想要的，所以才在試錯的路上浪費了太多時間。當然其中有的人很幸運，這種試錯並沒有影響他們的人生方向；有的人則很不幸，這種試錯可能會讓他們一生都因此錯過觸碰美好的機會。

這世上有太多人，因為清醒得太晚，等他們到了真正想要珍惜的時候，卻發現生命中的很多東西已經滄海桑田。

相比向欲望妥協、自我放縱的人，明確知道自己要什麼的人的精神定力更高，更能分辨在混沌的世界中，哪些是自己應該珍視和慎重看待的，哪些只是為了自我掩飾和放縱欲望所找的藉口。

他們的人生裡，沒有太多自我消耗式的折騰，因而也不會有令自己無法糾正的遺憾和錯誤。就像很多人在暮年回顧自己的一生時，會感歎原來其他的東西只是過眼雲煙，只有健康才最重要一樣。平凡如你或許在某一天也會幡然悔悟，自己曾經的追尋，也許只不過是當局者迷罷了。

倘若我們能早點明白，這世界真正令人幸福的其實不過是生活簡單、目標專一，或許就能早點找回自己的天真，並在這種良性迴圈中，獲得久違的幸福感。

喜歡另一個人之前，你應該先喜歡自己一個人

有件事常常讓我感到困惑，明明自己的戀愛經歷寥寥無幾，絕大部分時間都是一個人，但身邊的同事、朋友卻總把我當作情感專家，遇到問題總喜歡找我傾訴一番。看著一個個愁腸百結的女孩，拒絕的話自然說不出口，只得搜腸刮肚地尋找語言來寬慰別人，一回生，二回熟，我倒也琢磨出了一些門道。

學妹大學畢業後留在北部，一個人打拼，生活很寂寞。正在這時候，一個男人闖入了學妹的視野。男人各方面的條件都很好，學妹一下子就陷入情網，二人在相識幾個月後便開始了同居生活。然而，不久之後，兩人之間的隔閡很快就顯現出來。他們的性格差異很大，學歷、家庭背景、社會經歷也都有著不小的差異。學妹不會做飯，也不懂得妥善處理和男朋友父母的關係。兩人在一起生活的短暫時光裡矛盾頻發，最終分手了。

我問學妹她希望自己的男朋友是什麼樣的人，她說希望對方體貼、包容、能幫她分擔壓力、懂事、不要給她添麻煩。我告訴她，男人也是這麼想的，在一段關係中，如果有一方不成熟，那另一方就會感到很累，時間久了，自然就想逃走。學妹沉思良久，聽懂了我的話。

喜歡另一個人之前，先喜歡自己一個人。一個人生活，一個人修煉，一個人成長，讓自己變得獨立，這樣你就不需要太依賴對方，讓對方感覺太累。讓自己變得成熟，這樣才有足夠的智慧去應對生活中的矛盾；讓自己變得堅強，這樣你就不會在遇到挫折時手足無措。**如果你一個人都過不好，千萬不要喜歡別人。不要幻想別人能把你帶出泥潭，誰也沒有義務來當你的救世主**。要過好一個人的生活，這樣萬一有一天分手了，你一個人依然可以過得很好。

學會享受一個人的生活，並把它過得多姿多彩。如果你都不喜歡自己的生活，別人怎麼可能會喜歡你呢？張開眼睛發現生活中的美，你會感到，一個人的生活並不可怕。

一個人的生活可以豐富多彩，你不用考慮對方的口味，想吃辣的就吃辣的，想吃甜的就吃甜的；你不用擔心周末的安排跟對方有衝突，想去逛公園就逛公園，想去看電影就去看電影。最重要的是，在一個人的世界裡，你可以靜下心來學習，提高自己。

但你不要只喜歡自己一個人，不要變得自私、孤僻，不要只學會了怎麼好好地愛自己，卻忘記了怎麼接納別人的愛，也忘了怎麼去愛別人。

一個人的時候，做好身材管理，養成自律的習慣，不要每次想做什麼就一定要做，想吃什麼就絲毫不忌口。不要一方面羨慕著別人超模一樣的身材，另一方面自己又不停地吃喝，從來不想對自己的身材進行管理。

一個人的時候，更要對家人好一點。等以後有了另一半，你陪家人的時間就沒有那麼多了。你要明白，即使身邊所有的人都走光了，家人依然會在背後默默支持著你，不拋棄你。只有家人才是你最堅固的依靠。

不管你現在處於什麼時期，不管你年齡有多大，不要輕易喜歡一個人，更不要隨便談戀愛。對自己要學會欣賞、喜歡，對感情要負責。不要因為看見別人甜蜜，就急於擺脫單身。不要為了填補內心的空虛和寂寞而去喜歡一個人，這對自己、對他人來說都是一種傷害。

在喜歡另一個人之前，請你先喜歡自己一個人生活。因為一個人的時光，是提升自我價值的最好機會。學會自己去解決問題，處理好一個人時的情緒，保持對生活的熱忱，學會反思自己的錯誤，做到了這些，你才能夠認識更好的自己。不要浪費一個人的時光，好好享受一個人的生活，這樣才能不負未來，遇見更好的你。

敢於去愛，才會收穫愛

在很多人看來，有的東西因為得到時太過輕易，就會失去它原本應有的神聖感和期待感，以及對它的那份珍惜。

「愛」漸漸變成了一種奢侈品，它因為被各種戲謔、分解而令人看輕，在真實世界裡失去了它本該具有的那份虔誠。

一個朋友結婚前告訴我，成年以後，她發現愛情和婚姻需要區分來看。所以，她情願選擇一個和自己沒有任何情感聯繫的人結婚，也不希望自己付出感情，最後落得傷痕累累的下場。

她後來果然在相親平臺上選了一個看起來還不錯的男人，兩個人以閃電般的速度結了婚。

她說：「你瞧瞧，切斷了對情感的期待，我就不會再對對方的表現有什麼期待，我與他的生活也不會有頻繁的衝突，兩個人都可以在各自的世界裡自得其樂。」

我知道她年少時候的故事。那時候她與男友談了很久的戀愛，最後卻因為一次信任危機而分手。後來她才知道，是自己之前誤會了對方，可是，她並沒有向他道歉，更沒有挽留的意思。

用她的話來說，這樣愛一個人太累了。她不想在往後的生活中患得患失。對她來說，對一個人投入過度的耐心與時間，不如就此作罷。

她因此消沉了一陣，封閉自己的內心世界，不談風月，只看得失。面對沒有太深感情的丈夫，她當然可以狠心，可以不在乎，可以不必投入太多耐心和柔情，也避免了受傷的可能性。

當然，她看到別人甜蜜的場景時，也會悵然若失，總覺得現在這樣的生活似乎缺了點什麼，但這樣的缺失感，遠遠敵不過她內心深處對安全感的渴望。

為了不承受失去的痛苦，所以她乾脆不要。

或許，這也是現在很多人的想法。

在他們看來，感情已是一種理性層面上的東西，需要放在心靈的天平上衡量，讓自己占有絕對的領屬地位。他們認為每一次付出都有的放矢，才能在婚戀生活中占據高點。

那些曾經為戀人離去、舊情流逝而付出的堅守，在現在的認知裡變成了「傻」的代名詞。

只是，她在殺伐決斷時，似乎不曾意識到，真正的情感不僅是乏味生活的調味劑，更是人類存在的本質，是人類精神生活的剛需。

那些令人或感動或害怕的部分，常常正是人們所匱乏的部分。

因為缺乏愛別人的勇氣而總結出來的「成熟」通道，並不能讓她邁向真正的成熟，它只是在面對遺憾時總結出來的一種自保方式。

事實上，愛的本質是一種把自己融入他人的衝動。我們的一生都會因此擁有一個柔軟的部分，擁有對這個世界的耐心和感動。

在真正的情感裡，我們會想讓自己變得更好，也想對另一個人好。這種與他人產生的生命聯結，能夠抵抗一個人的孤獨。

真正的愛是利他的，而那些世俗的愛情觀大多是利己的。

世俗的愛情觀教會了我們如何在不喪失自我的前提下，與我們要相處一生的人形成互惠互利的契約關係，在兩性相處的過程中爭奪領導權。但實際上，這就是一樁披著婚姻外衣的生意。

我們奉為圭臬的信條，實際上早就背離了愛的實質，只是不敢投入愛的粉飾。真正的情感，應該是博大而通透——弄懂了它的人，應該無懼與另一個人的生命發生聯繫，反而會因為與另一個人形成了無法掙脫的羈絆，而愈發迫切地要修煉自己這顆平凡的心。

有人說，對的人，就是讓你變得更好的人。其實，很多感情開始時，當事人並不會提前知道到底是緣還是劫，但他們有勇氣去追逐，有勇氣去修復自我，彼此就有了溫暖、治癒、接納對方的可能性。

真正獨立的個體，會在愛中得到完整和真正的自由。這種愛情，必須被時光洗禮後才能擁有它該有的亮光。正如真正的平靜，需要在風嘶海嘯、山崩地裂之後才能領悟。如果愛是一種信仰，那為愛全力以赴的勇氣和本真，便是我們從此岸擺渡到彼岸的心舟。

跋涉於幽暗混沌的人世，當我們從心靈深處對同行的另一個人產生感情，並學著換位思考時，並不是失去了自我、即將落入傷情的藩籬，而是超脫自我。

真正獲得愛的人，一定都是襟懷坦蕩，無懼投入的。但行好事，不問前程。

好的愛情，會使人得到成長

過了三十歲大關後，朋友一直被父母催婚。嚴防死守了好多年，她終於也有點頂不住父母的十八路花樣攻勢，於是，在她下定決心要選擇一個人共度餘生之前，她問了我一個老生常談的問題：如果要結婚，你是選擇愛你的人，還是你愛的人？

我聽她說，她畢業參加工作後，遇到了兩個人。姑且叫他們A先生和B先生。A先生很溫柔，他承諾永遠在她身後等待，等著她隨時召喚，不強迫她接受他的愛。朋友坦言，在A先生身邊她感覺很溫暖、很放鬆，而且，他追了自己那麼多年，也不是沒有感動的，但又覺得自己與他之間少了一點感覺。

另一個追她的是B先生。她和B先生在一起時，是喜憂參半的，她甚至常常會覺得B令她有壓力。因為B先生是她們行業的技術強人，會在技術細節和個人能力上對她嚴格要求，敦促她成長，希望她早日獨當一面。

在她遇到問題時，B先生永遠讓她自己先想辦法，然後才在細節上點撥她。

為什麼B先生要給她這麼大的壓力，而不直接幫她呢？她不止一次問過B先生這個問題。而B先生的回答永遠是——她足夠聰明，只要她想，她就一定能做到。他懂她的倔強、她的驕傲、她的才華。他讓她一定要相信一個鐵律——那些殺不死你的，才能讓你更強大。面對問題，B先生用的是激將法：難道你除了逃避，就沒有更高級的方法來解決了嗎？當她向他傾訴工作中怎樣被利用、被陷害時，B先生告誡她：這就是你過於天真的結果，成年人的世界裡，不需要廉價的善良和天真。

但等她擦乾眼淚之後，B先生會幫她分析問題，和她一起解決問題。他像她的後盾，有他在，似乎專業上的問題永遠都有支撐點。

反觀A先生，他是怎麼做的呢？

每次她遇到問題時，他給予的陪伴就是「吃一頓大餐」。似乎在A先生眼裡，她並不需要獨立。A先生對她的感情更多的是心疼、憐惜，還有不甘心。

因為明白她的處境，所以我知道她問出的那個問題背後，隱藏著什麼樣的資訊。

每個女人在進入婚姻之前，都渴望安全感。只不過，這樣的安全感，也有高級和低級之別。

正如作家廖一梅所說的那樣：「在我們的一生中，遇到愛，遇到性都不稀罕，稀罕的是遇到了解。」

A 先生和 B 先生最大的差別，就在於他們對一個女人所需要的「安全感」的理解不同。一廂情願的 A 先生已經被禁錮在自己的視野和認知之中，他無法想像，自己這樣全方位無死角的保護為什麼會被拒絕。他為她遮風擋雨，難道不是婚姻裡最大的保障嗎？

A 先生沒有意識到，每個人都有獨立意識，他愛的方式，對一個有獨立意識的女性來說，已經不再舒適了。

作為一個獨立的個體，她需要的不是幾頓大餐，一份禮物，也不是一個避風港，一個無微不至照顧她生活的人，而是一種尊重和信任。

而 B 先生卻讀出了她內心真正的渴望，引導著她一步步成長為她想要成為的那個人。他懂她，知道她不甘心只做男人的附屬品，她希望對方把自己當成可以平等對待的競爭對手。她要的是自己完成任務的那種充實感和成就感，就像她自己所期待的那樣。

所以，她說不明白為什麼 B 先生總對自己有一種無形的吸引力，因為他令她知道了一件事——「我的能力潛力在哪裡，我可以成就多好的自己」。

B先生會逼她去面對這個世界，也會鼓勵她。他的愛就像涓涓細流一樣，讓那個曾經在人生路上遇到任何一點阻力就賭氣、生氣、逃跑的她，一點點地變了，她變得更堅強、更強大了。

在與他相處的過程中，她開始一點點累積自己的底氣，抵達專業上更高的領域，獲得更輝煌的業績，成就更好的自己。

當時覺得很累，但回過頭來想想，這才是潛移默化中為她提供真正的安全感。

其實，從我的朋友身上，我們也可以反觀自己，明明內心覺得自己真的很愛一個人，但為什麼在現實中輕易就選擇放手了？一件事明明自己也可以做到，但當男人幫我們做了之後，久而久之，是不是就折斷了那雙讓我們自己飛翔起來的翅膀？

B先生用更長遠的視角，讓我的朋友想明白，一個人該如何愛另一個人，又該如何讓自己成長起來，有能力與優秀的伴侶並肩而立。

愛上只需要一眼，而成為彼此人生的一部分卻還有很多步要走。時光會改變很多東西，唯有兩個更強大的人，才能守住愛情。

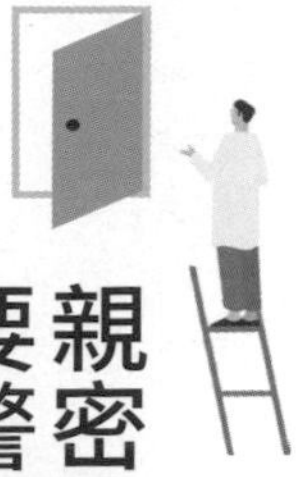

親密關係中要警惕情感PUA[1]

閨密是家中的獨女，深受父母寵愛。在她談戀愛之前，她的人生之路沒出過什麼太大的意外，一直順風順水。和所有幸福故事的開頭一樣，她平穩地考上了大學，並在研究生期間交了男朋友。大概上天總是要給相愛的人一點考驗，談戀愛前，男朋友明明非常喜歡她，在一起後，卻對她越來越不滿意。

一開始，男朋友嫌她性格太過大大咧咧，只顧自己舒適而不注意生活細節；接著便批評她生活態度不積極，安於待在當下的舒適區，一點也沒有繼續學習、提升自己的主動意識。

1　Pick-up Artist 的簡稱，原意為搭訕的藝術，現在多指情感操縱。

類似這樣的爭執幾乎成了他們的家常便飯。雖然這種批評讓她覺得難過，但每次只要男朋友在微信上說一句軟話，她便馬上原諒了他之前的惡言惡語。

在朋友看來，她幾乎算是一個有著「戀愛依賴症」的人，甚至有朋友氣得說她這戀愛談得「簡直毫無自尊可言」。

在大家都以為她已經適應這種相處模式時，沒想到某一次，男朋友又劈頭蓋臉地訓斥了她一頓後，她突然一聲不吭地拉黑了他，斷絕了與他之間所有的聯繫。她像是瞬間想通了，再也沒和男朋友有什麼聯繫。

閨密的朋友不相信她突然這麼有勇氣了，忍不住向她求證。她說：「不知道為什麼，以前總想著迎合他，努力達到他的要求，現在卻忽然一下子改變了想法。」

她的經歷令我想起了一句話：沒有突如其來的分手，只有不想忍耐的決心。

有時候，你一廂情願地對一個人好，按他的要求努力去改變自己身上的缺點，努力做得更完美。

可是你會發現，不論我們怎麼改，他還是有可以批評我們的地方。這些批評和否定，會令你越來越不自信，越來越暗淡無光，越來越懷疑自己的能力，慢慢陷入一種自我否定的惡性循環。

在這樣的負面情緒包圍下，你會越來越虛弱，越來越不敢離開一個人，因為對方製造出來的那種高高在上的姿態，會蒙蔽你的雙眼，讓你潛移默化地認為他給自己的這份愛，對你而言是一種恩賜。

這樣的情感關係，從一開始就是不對等的，這是一種情感ＰＵＡ。

每個談戀愛的人，其實都渴望安全感。因此很多人認為，在愛情這種親密關係裡，好像只要證明了我比對方強，自己就會占得優勢地位，獲得一種心理上的優越感。

在親密關係裡，總在挑剔別人的那個人，他的潛臺詞是，我的思維方式和生活模式要比你的更高級。通過對戀人的否定，他獲得了自己的安全感，卻讓對方喪失了安全感。

我曾經聽過這樣一個故事，一個過去很高傲的男人問如何贏回自己老婆的心，他說道：「她太柔弱了，特別依賴我。以前我經常責罵她，可能罵得有些過分，但我說這些都是為了她好，事後她也承認我說得對，比她有主見，但為什麼還要離開我？」

這是他在這段親密關係裡僅有的反思，足以證明在挑剔批評伴侶這一點上，他從未反思過。試想，愛你的人即使嘴上承認你說得對，難道她的心就不會受傷了嗎？

真正持久的愛，必定是勢均力敵的。在感情中雙方需要有來有往，這是一種平衡。

那些把伴侶當作孩子一樣去訓斥，動輒便把伴侶教訓一番的人，即使出發點是好的，在自尊被傷害太多次後，伴侶也會漸漸與他們離心離德。

愛一個人，本身就需要巨大的能量，一個不停被別人否定的人是無法給愛人提供能量的。他所能做的就是依賴對方，像抓住最後的救命稻草一樣抓住自己的身邊人。但在這樣的迴圈裡，哪怕伴侶勉強接受了你比她強，你有權對她指手畫腳的事實，這種暫時的退讓和服從還是無法令你獲得情感的滿足和真正由愛帶來的充實感，反而會讓你對另一半更加不滿。

有些總是挑剔別人的人本身並不真的比別人優秀，只是喜歡對他人指手畫腳。那些局限在自己的小圈子裡、沒有半點技能的人，照樣眼高於頂，憤世嫉俗、怨天怨地地過一輩子。

這樣的人，很大程度是因為他們本身個性不寬容、眼界太狹隘，他們有極強的控制欲，活得不輕鬆，不快樂，所以才要在別人身上找成就感，靠否定別人來釋放自己的焦慮與虛弱。

真正優秀、有修養的人不會隨便地否定別人，相反，他們會抱著最大的善意來發現別人身上的優點。

戈特曼曾經總結說：「打敗愛情的，是細節。」對那些最初相愛的伴侶來說，最後導致他們分手的原因，往往不是遭遇大的困難，而是那些日常細節的累積。日復一日，熱情被消耗，細節就會累積成大問題。一個人失望多了，心也就涼了。愛是積累來的，不愛也是。

那些先離開的人，並不是戒掉了「戀愛依賴症」，只不過是觸底反彈時忍痛割愛了。

不糾纏，是放過對方也是放過自己

閨密寧寧最近跟我傾訴一件事。她朋友的老公出軌了，在朋友和另一個女人之間遊走糾纏，朋友內心痛苦，卻又做不了決斷。

寧寧問朋友是不是還對這段關係抱有什麼幻想和期待。朋友坦言說自己活得太強硬，不會溫言軟語，這種丁是丁，卯是卯的姿態讓朋友覺得很吃虧。朋友自知這種太過強勢的性格不適合戀愛，但偏偏又做不到決絕，即使當下生氣，狠心也不過是片刻，待對方回頭央求一番，朋友便再次心軟了。

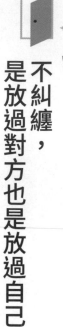

朋友痛苦糾結的樣子令寧寧很感慨，說：「倘若換作我，如果一個男人不愛我了，我必然不會對他再有半分留戀。」

寧寧的話令我想起一句不算稱讚的稱讚：你的忘性可真大，能像沒有受過傷的人那樣生活。當然，寧寧並不知道，她與那位朋友的不同之處在於，在她的自我意識中，並沒有多少別人的位置。

寧寧日常要學插花、養多肉盆栽、做烘焙、畫畫、讀書、寫文章，種種愛好占據了她很多時間，用她的話來說——做這些事情才是她的主業。

女人首先是自己，其次才是別的身分，比如妻子或母親。簡而言之，她不是一個真正意義上「合格」的妻子和母親，因為當別人的妻子和母親只是她生活的一部分，而不是全部重心。她內心深知，社會標準裡真正意義上的「合格」，在某種程度上而言，要以犧牲自我為代價，去成全別人的人生，比如丈夫的人生、孩子的人生。

所以，寧寧當然不會像她那位朋友那樣，因為一個男人沒有把自己列為唯一待選物件，而感到痛苦萬分。在她的精神世界裡，有著比這件事更快樂的自留地。

她不需要像家庭出了問題的女人那樣去潛心學習如何取悅男性、奪回老公的權謀之術，這並不適合她。

強迫自己、壓抑自我去做出迎合別人的犧牲，對那種自我意識已經覺醒的現代女性而言，是比獨自生活的焦慮感更可怕的精神折磨。

寧寧說：「不能忘記自己是誰。」

寧寧的那位女性朋友的痛苦，其實不僅僅在於老公的游離態度。她的痛苦還在於，這種游離打破了他們夫妻之間已經磨合好的平靜，擾亂了他們正常的生活，影響了她對未來的構想，讓她陷入不安。

按別人教她的道理，如果她要挽回丈夫的心，就必須拿出捍衛者的姿態，使出比另一個女人更溫柔、更得體、更低眉順眼的手段來，才有可能將離間自己感情生活的第三者趕走。當然，這還需要有她丈夫的助力。如果丈夫不能將心的天平傾向於自己，那她這些委屈自己的討好，便統統都會成為沉沒成本。

有很多像她一樣的女人，當她們放低姿態去和另一個女人爭奪一個背叛自己的男人時，會禁不住從心底生出一種「人間不值得」的感慨。

她們並非因為糾纏在事件中而痛苦，而是因為糾纏在患得患失的情緒中而痛苦。她們想要快刀斬亂麻地結束一段關係，卻因為成人世界的太多規則而畏葸不前。

其實，有太多人皆因被「大團圓」、「夫妻要和睦」的意願綁架了太久，所以在生活出現變故時，寧可犧牲自己的真實感受，也要維持「和美」的表象。

事實上，在一段感情中，真正的強者，應該有一種「不害怕全心全意，但也不懼失去」的姿態。相比那些在感情中委曲求全的人來說，能堅守這種初心和底線的人，會活得比左右搖擺的人更輕鬆。

很多感情的失敗，都是因為左右搖擺，不敢確定自己相信的，不敢放棄自己該放棄的。當我們無法堅守自己的原則，反覆折磨自己和對方時，一方面加速了感情的死亡，另一方面也會令對方徹底看輕我們，因此失掉了那原本可以以退為進的可能性。

事實上，每個人面臨的情感問題不同，需要做出的選擇也不一樣。只有當自己具備足夠的自我判斷的能力時，才有把握情感的可能性。當然，每個人在情感中都要學習、成長、改變，這是維繫感情本應該去做的，而不是在另一個人背叛自己時才需要的。

我們本來就需要修煉那種置之死地而後生的勇氣——「我知道最壞的結果無非就是彼此分開，但我並不害怕獨自成長」。

真正有自我意識的人，才不會只為別人而活。那種在自己的世界中自得其樂，而不把所有的寶都押在另一個人身上的人，才能慢慢培養出明辨是非的能力，生出拒絕把感情寄生在他人身上的勇氣，從而擁有說走就走的勇氣。

這個道理，男女皆如是。

這世間的愛情，相敬如賓確實是最優雅得體的結局，但你若無情我便休，亦是留給彼此最後的體面，是每個人在一段已經死亡的情感中，應該持有的姿態。

清醒一點吧，誰也沒有義務負擔你的人生

朋友小Ｄ畢業於一個很不錯的學校，專業熱門，但是她畢業多年，已經快三十歲了，卻還做著入門級的工作，且她做的每份工作時間都不太長，時間最短的一次，和上一份工作之間，居然只間隔了二十天而已。

其實小Ｄ為人沒有什麼不好，聰明漂亮、性格柔順，唯一的缺陷是太多情。她投入一份感情的時間太快，那些追求她的男性不用費什麼力氣地說幾句甜言蜜語，她就信了。進入新公司沒多久，就被一個男同事追求成功，小Ｄ和男同事偷偷摸摸談起了戀愛。

在工作上，她似乎異常脆弱。每每給自己打氣說要好好做手頭的專案，剛躊躇滿志沒幾天，就被工作上的難題嚇住，各種抱怨。男朋友發微信哄她「你不用怕，將來我養你」，她就沉浸在他給的這種「深情」裡，幸福得不得了。

從此，工作時，她就捧著手機讀言情小說，看言情劇，完全沉醉在對浪漫愛情的嚮往裡。點開她的朋友圈，就會發現，她常常轉發標題為「真正愛你的男人，一定會做的幾件事」這類文章，在日常生活中更是把「一個男朋友要做到的三大紀律、八項注意」時時刻刻掛在嘴邊。

在她的世界裡，愛情來勢洶洶，如電視劇一般誇張。但是過了最初的甜蜜期，她就開始各種煩惱了：男朋友的薪水不夠高，不夠上進，出去玩時對她不夠照顧，某個雨天因為加班忘了送她回去等等。

她時常半夜十二點在朋友圈裡感慨北漂生活的不易。她說，想找到一個真正意義上的好男人，免去她奮鬥的辛苦、生活的艱難。

但事與願違，男朋友沒過多久就和她分手了。問及原因，他說，因為她對愛情的願景和期待太高了，自己滿足不了。譬如在公司，但凡遇到一點麻煩，她就會打電話向他訴苦，一開始還好，但只要在她傾訴時，他稍微流露出一點不耐煩的情緒，她就會大發脾氣，拿他以前的承諾來反問他，問他為什麼承諾過要保護自己，在遇到問題時卻什麼也做不了。

事實上，戀人能在一起，本質上就是相互安慰、相互扶持。她對生活和愛人有那麼多的抱怨和不滿，是因為她渴望通過找到一個愛人，解決人生所有的難題。

這是典型的巨嬰式想法。好的情感關係從來都不是寄生式的，而是兩個強大的人構建同盟。

有的人認為，一個女人，只要沒有什麼野心，心地善良，與世無爭，就可以獲得自己想要的美好生活。

在我年少的時候，我也曾相信這一點。我曾經也認為，世界上的一切，都是浪漫的，只要做夢，不需要觸碰生活的真實本色和堅硬質地，不需要靠自己奮鬥，讓那些愛我的人來保護我就足夠了。

但這種夢很快就碎了，逼迫你清醒過來。

當我深入生活的肌理之後，明白了別人的不易，也就更懂得了正是因為這個世界上有風霜劍雨，人與人之間才要相互體諒、相互扶持。

但小D一直沉浸在對別人的期待裡，總希望通過愛情來一勞永逸地解決全部的問題，所以才會一直碰壁。

小D還以為是自己選擇男友的眼光有問題，事實上，是她對這個世界沒有一個清醒的認知，以至於三十多歲，仍然如無根浮萍一般無法安定下來，還在寄希望於通過一場婚姻來拯救自己。

在她的理想裡，生活應該像一份精美的禮物，而愛情就是打開這份禮物的捷徑。她對情感的期待越高，想要從情感中索要的回報就越多。在她的觀念裡，這個世界上複雜的人和事，無處不在的壓力，你死我活的競爭，都需要由愛她的人去解決，而她只需要有一顆真心，就應該被生活優待，被別人奉養，永遠也不能被辜負。

以前看過一句話：**成人的世界，並沒有誰比誰活得更容易。性別和愛情的藉口抵擋不了殘酷的現實。當生活的傷口被撕開時，該自己去面對的只能自己去面對，旁人並不能代替**。

那些歲月靜好、美滿幸福的童話故事令我們心生嚮往，但是，闔上書我們仍然要面對這個世界施加給我們的那些不堪和真實的雞毛蒜皮。

對那些希望通過男朋友的保護解決自己所有問題的姑娘來說，愛情的失敗已經成了她們偽裝自我的藉口。她們以楚楚可憐的形象示人，只會獲得別人偶爾的同情，但是很難真正改變不好的處境。

她們被男人的甜言蜜語打動，到最後卻總是俗套地陷入對愛情的幻想中，而這份幻想很有可能會成為她的軟肋。男人們耗盡耐心後，會堅決地離開她們。

這個世界的競爭有時候就像是一個修羅場，在其中廝殺，是一場孤獨的自我戰鬥。

命運從來都不會因為性別對女性網開一面。在真實的世界裡，沒有誰是另一個人的避難所。希望從來都不是別人給的，拋棄所有想要自我逃避的藉口，一點點積攢屬於自己的力量才能在某種程度上遠離那些焦慮和不安。

真正的美好是別人提供不了的，它必須由自己靠內心一點點去尋找，必須由自己在時光中一點點創造，通過枯燥的、單調的、重複的、看起來不那麼浪漫和美好的奮鬥慢慢成就。只有這樣，你才會得到一種來自靈魂深處的強大，才能找到一份真正堅實的感情。

不要用別人的腦子思考你的人生

作者—采薇
主編—林菁菁
企劃—謝儀方
封面設計—楊珮琪、林采薇
內頁設計—李宜芝

第五編輯部總監—梁芳春
董事長—趙政岷
出版者—時報文化出版企業股份有限公司
108019 台北市和平西路三段 240 號 3 樓
發行專線— (02)2306-6842
讀者服務專線— 0800-231-705・(02)2304-7103
讀者服務傳眞— (02)2304-6858
郵撥— 19344724 時報文化出版公司
信箱— 10899 臺北華江橋郵局第 99 信箱
時報悅讀網— http://www.readingtimes.com.tw
法律顧問—理律法律事務所 陳長文律師、李念祖律師
印刷—勁達印刷股份有限公司
初版一刷—二〇二三年一月十三日
定價—新臺幣三五〇元
（缺頁或破損的書，請寄回更換）

時報文化出版公司成立於一九七五年，
並於一九九九年股票上櫃公開發行，於二〇〇八年脫離中時集團非屬旺中，
以「尊重智慧與創意的文化事業」爲信念。

不要用別人的腦子思考你的人生 / 采薇著 . -- 初版 . -- 臺北市 : 時報文化出版企業股份有限公司 , 2023.01
面； 公分

ISBN 978-626-353-298-4(平裝)

1.CST: 人際關係 2.CST: 生活指導 3.CST: 成功法

177.3 111020468

ISBN 978-626-353-298-4
Printed in Taiwan